『母2023』
——子どもの自己肯定感を育む「子育ての人間学」

母の日の日曜日、駅前のお花屋さんは、プレゼントの花を買い求める人で溢《あふ》れていました。幼い子どもを連れたお父さん、二十歳くらいの女性、五十代くらいの男性……。

たくさんの人が訪れるその中で、小学校五年生くらいの女の子が一人、真剣な眼差《まなざ》しで花を選んでいる。どのお客さんよりもジーっと長く慎重に花を選んだそのあとで、「これ」と決めた花を、嬉しそうに店員さんに渡した。私が会計をしているその横で、女の子は、たくさんの十円玉を手のひらに乗せて、若い店員さんと一緒に、一所懸命にお金を数えていました。

「あぁ、自分で貯めたお小遣いで、お母さんにお花を買ってあげるんだ」

嬉しそうな、それでいて恥ずかしそうな、何とも言えない表情としぐさから、お母さんを喜ばせたい幼い彼女の一所懸命な想いが溢れるように伝わってくる。その姿があまりに純粋で、健気《けなげ》で、胸に込み上げてくるものがありました。

アメリカの心理学者、アブラハム・マズローが提唱した、有名な「欲求五段階説」。マズローは「生存欲求」「安全欲求」「社会的欲求」「承認欲求」「自己実現欲求」の五段階の上に、第六段階の欲求として「自己超越欲求」が存在することを晩年に発表したといいますが、この女の子の姿は、まさに自己超越の段階にあるように見えました。

「子どもに対する母親の愛は、もっとも利己心のない愛である」

と芥川龍之介《あくたがわ》は言ったといいます。母は子に、無償の愛を与える。それも事実だと思います。しかし、自分自身が母になり、子どもが母親に与えてくれる愛情もまた、最も利己心のない、無償の愛だと感じることが少なくありません。一所懸命に親を求める子どもの姿から、自分を必要としてくれている大きな愛を感じ、母として成長していく。互いに愛を注ぎ合うことで、親子の心は共に育っていく。それもまた真実だと感じます。

二〇一九年に第一弾を刊行した『致知別冊「母」』も、今号で五冊目、創刊五周年となります。今回のテーマは「子どもの自己肯定感を育《はぐく》む 子育ての人間学」です。

「自己肯定感」という言葉を辞書で調べてみると、

「自分のあり方を積極的に評価できる感情、自らの価値や存在意義を肯定できる感情などを意味する語」

とあります。自分自身の「あり方」や存在を肯定的に捉《とら》える力である「自己肯定感」を育むことが、人間が幸せな人生を送っていくための土台となる。先の「自己超越」の欲求も、自己肯定感が育まれた結果かもしれません。この自分自身の「あり方」や存在を肯定的に捉えるための学びが、私たち致知出版社が四十五年間一貫してお伝えしている「人間学」です。

「人間学」とは、「過去にも未来にもたった一つしかないこの尊い命をどう生きるのか」——それを学ぶのが人間学です。たった一度の二度とない人生。自分の人生の主人公は自分であるということ。私たちは一人ひとりが、過去にも未来にもたった一つしかない命を生きている。そして、一人ひとりに生まれてきた意味がある。どんなに時代が変わっても変わらないこの不変の真理を知ることは、自己肯定感を高める上でとても重要なことです。

しかし、人の生き方、「自分という人生をどう生きればいいのか」という、人間にとって一番大切なことを、いま学校では教えてもらえません。親である私たちも、そういうことを学ばないまま大人になり、親として生きています。

「やり方」という横軸を模索していると、隣の芝が青く見えて不安になるものです。

「あり方」という縦軸が定まることで、人は人生に対する大きな安心感を抱くことができます。

「夫《そ》れ学は通《つう》の為《ため》に非《あら》ざるなり。窮《きゅう》して困《くる》しまず、憂《うれ》えて意衰《こころおとろ》えざるが為なり。禍福終始《かふくしゅうし》を知って惑《まど》わざるが為なり」と、東洋古典の『荀子《じゅんし》』は説いています。人は、立身出世のために学ぶのではない。人生の中で、困窮しても苦しまず、憂えても心衰えず、人生の禍福吉凶を味わっても、惑わないために学ぶのだ、という意味です。この「学」とは、まさに人間学のことです。

子どもたちが、安心して幸せに心豊かに人生を生きていくためにも、子育てに携《たずさ》わるお父さんお母さんに、人間学を届けたい。親自身が人生に対して大きな安心感を持つことは、子どもたちの人生の大きな道標《みちしるべ》となるはず。それが、子どもたちの自己肯定感を高めていくことになるのではないかと私たちは考えています。

子育ての「やり方」に関する情報が溢れるほど存在する現代の中で、『致知別冊「母」』は、「あり方」をお伝えする唯一の子育て本として歩んできて、今回で累計六万部となります。子育てに携わるお父さんお母さんの心の栄養となり、人生の根となり幹《みき》となることを願って、『母 2023——子どもの自己肯定感を育む「子育ての人間学」』、ここに発刊いたします。

令和五年六月吉日 『母』編集長 藤尾 佳子

目次

写真／小嶋三樹、元木みゆき、山下 武、吉田三郎

［第一章］

母という人生を生きる

①
【対談】母という人生を生きて
杉山 愛
ビリー・ジーン・キング・カップ日本代表チーム監督
元テニスプレイヤー
竹下佳江
姫路ヴィクトリーナエグゼクティブアドバイザー
元バレーボール女子日本代表

②
【対談】二人の母が語る 希望は失望に終わらず
～一人は失明・失聴の子を東大教授に 一人はダウン症の子を書家に～
福島令子
「指点字」考案者
金澤泰子
女流書家

1

［対談］

母という人生を生きて

竹下佳江

姫路ヴィクトリーナ
エグゼクティブアドバイザー

元バレーボール女子日本代表

たけした・よしえ──昭和53年福岡県生まれ。元日本女子バレーボール代表。高校卒業後実業団に入り、18歳で日本代表デビュー。シドニー五輪出場を逃し一度は引退するも、復帰後、主将として五輪3大会出場を果たす。平成24年ロンドン五輪で銅メダル獲得に貢献。平成25年に現役を引退。結婚・出産を経て、バレーボールクラブチーム「ヴィクトリーナ姫路」の監督に就任し、V2リーグ参戦初年度に優勝。チームをV1リーグ昇格に導く。

女子ダブルスで四大大会を三度制し、シングルスでも世界ランキングで最高八位に輝くなど世界トップレベルのテニスプレイヤーとして活躍し、現在は日本代表監督を務める杉山愛さん。一方、姫路ヴィクトリーナ・エグゼクティブアドバイザーの竹下佳江さんは、バレーボール女子日本代表主将として二〇一二年ロンドン五輪で日本を銅メダルに導いた〝世界最小最強セッター〟として注目を集めました。世界で活躍してきたお二人は、現在それぞれ二人の子どもを育てる母として、日々子育てに向き合っているといいます。母としての想い、子どもたちに伝えておきたいことなど語り合っていただきました。

杉山愛

ビリー・ジーン・キング・カップ
日本代表チーム監督
元テニスプレイヤー

すぎやま・あい――昭和50年神奈川県生まれ。7歳で本格的にテニスを始め、15歳で日本人初の世界ジュニアランキング1位に。17歳でプロに転向すると、平成21年に引退するまでの17年間プロツアーを転戦。WTAツアー最高世界ランキングはシングルス8位、ダブルス1位。オリンピックにも4回出場。令和5年よりテニス女子国別対抗戦、ビリー・ジーン・キング杯の日本代表監督を務める。著書に『勝負をこえた生き方』（トランスワールドジャパン）がある。

アテネ五輪での出逢いから十九年

竹下　愛さんとはこれまで何度かお会いしていますが、最初の出会いは、お互い現役選手として参加した二〇〇四年のアテネオリンピックの時でしたよね。私が「写真撮ってください」ってお願いして。

杉山　あぁ、そうそう。私、いまでもあの写真大切にしています。八年前にはトークショーでもご一緒して。あの時竹下さんはご長男を妊娠中で、私も公表前でしたが同じく長男を妊娠中だったので勝手に親近感を感じていたんです。

竹下　いやいや、私にとって愛さんはずっと先をいかれる憧《あこが》れの方ですから、親近感なんて恐れ多いです。選手時代はもちろん、引退された後も「素敵な方だな」と思いながらご活躍を拝見しています。

杉山　私のほうこそ、お母さんになっても変わらず活躍される竹下さんにいつも元気をいただいています。

竹下　愛さんは女子テニス日本代表の監督に就任されたんですよね。

杉山　今年（二〇二三年）から、四年の任期で代表監督を務めています。

　実は、昨年夏にオファーをいただいた時は、母として子育てと監督業との両立は難しいと思い、一度お断りをしたんです。でも日本テニス協会から熱い想いを聞かせていただいたこと、家族との話し合いを重ねた上で「逆にいましかできない」と思ってお受けする決心をしました。覚悟のいる仕事ですが、いまは注ぐ時間とエネルギーを意識しながら監督業に全力を尽くしているところです。

　現在の日本女子テニス界はあまり元気がないのですが、ありがたいことに私は華やかな時代を経験させていただいてきました。これまでの自分の経験も踏まえて「もっとできるよ」ってことを選手たちに伝えられたらと思っています。また、昨年、半年くらいかけてスポーツメンタルコーチングを勉強したこともあり、その経験も活かしながら日々サポートに当たっています。ただ、二児の子育てと監督業の両立は思った以上に大変で……。喜びや充実感を感じる一方で、毎日がバタバタと過ぎていく感覚なんです。

子育てと監督業の両立を経験して

竹下　いまお子さんは何歳になられたんですか？

杉山　長男が七歳、長女はまだ一歳なんです。海外での試合もあるので、長期間日本を離れる際は特に主人と義母に全面的なサポートをしてもらって、いまもこうして仕事ができています。

竹下　あぁ、それは大変……。

杉山　ただ、いまは一昔前と違ってテレビ電話などで顔を見て話せるでしょう？　だから離れていても顔を見ながらコンタクトを取って「きょうはどうだった？」と学校の出来事を聞いたり、コミュニケーションをとるように心掛けています。

竹下　すごい。子育てと指導者の両立ってハードルが高いですよね。私も子どもが小さい時に経験しましたが、家族のサポートが欠かせないですし、実際本当に大変だったので……。

杉山　竹下さんのお子さんはおいくつで

したっけ？

竹下　長男は愛さんのところと同じく七歳で、次男が五歳です。

　私も現役時代にお世話になった眞鍋《まなべ》政義監督が率いるバレーボールチーム・ヴィクトリーナ姫路で四年間監督を務めたんですが、実は最初のオファーはお断りしているんです。長男を出産したばかりで子育てにじっくり向き合おうと思っていた時期だったので。ただ、その後も一年以上かけて熱烈にお誘いいただいたことに加え、この挑戦を通して同じ女性アスリートや働く女性に何か発信できたらという想いがあり、最終的には引き受ける決断をしました。二〇一六年六月に監督に就任し、チームの土台づくりに携わりながらV1リーグ昇格まで見届けられたのは、私にとっても貴重な経験となりました。

杉山　それは大変な道のりでしたね。

竹下　監督就任から二年経った頃に第二子を妊娠したのですが、その時はチームに「アスリートマインダー」と呼ばれる保育士の資格を持ったスタッフを置いてサポートを受けながら産休、育休を経て指導者を続けたんです。指導者が常に現場にいなくていいのかと悩んだこともありましたが、眞鍋監督をはじめチームや

私は子どもたちを「比べない」っていうことは特に意識してきました。一人ひとりの子ときちんと目線を合わせて対話するのが大切なのかなと。それから、夫婦のあり方として子どもの前でどちらかが、どちらかを悪く言うことがないように気をつけています——竹下佳江

「子どもはいずれ社会にお返しする、社会からの預かりもの」、母はいつもそう言うんですが、この言葉通りの子育てをしてくれました。そんなふうに育ててくれたからこそ親子の間に心地よい距離感があったんだと思います——杉山愛

家族の理解とサポートのおかげで四年間走り切ることができました。

昨年、長男が小学校に上がるタイミングで子育てに軸足を置きたいと思い、現在は姫路ヴィクトリーナのエグゼクティブアドバイザーとしてスポンサー回りの仕事をしながら、講演活動をしたり、眞鍋監督率いる日本代表チームでもアドバイザーとしてバレーに携わっています。

杉山　あぁ、小学校に上がるタイミングって、子どももママもすごく大事な時期ですよね。赤ちゃんの時は手がかかるんですけど、ある意味ママじゃなくても対応できることも多い。でも小学生になるとママにしかできないことが増えてきます。私も学校でのいざこざがあれば、長男の精神的なケアを私が担当するなど、気を配ることが増えた気がします。

息子が授けてくれたもの

竹下　杉山さんがご結婚されたのは確か……。

杉山　三十六歳の時です。若い頃から、いつか結婚して子どもを持ちたいという想いはあったものの、三十四歳まで現役でプレーしていたので、気づいた時には「あぁ、もうこういう歳か」という感じ

でした。それから結婚、不妊治療、流産の経験を経て、ありがたいことに四十歳で第一子を授かることができました。

もう、この喜びってなんて言えばいいんでしょう？　現役生活で感じていた充実感とは全《まった》く異質なものでした。人生にこんなに嬉しいことがあるんだなぁって。初めて息子を抱いた時「母親にしてもらった」という喜びが想像していたより遥《はる》かに大きかったんです。ただ、いざ子育てがスタートしたらこれもまた想像を絶する大変さで……（笑）。

竹下　もう、共感の嵐です（笑）。私は三十四歳の時に結婚、その翌年に現役を引退して三十七歳で第一子を授かったんですが、現役中はとにかく選手としてバレーボール、自分のことだけに集中していたので子どものためにすべてを注ぐ人生って考えられなかった。でも実際我が子が生まれ、この命をどう育てたらいいのか、彼らにどのように道を示したらいいのか、いままで考えたことのない問題に直面して未知の世界にいるようでした。

周りの方々に助けていただきながら、子どもたちからいろいろな刺激や気づきをもらい、子育てを通して私自身が学び、成長させてもらっている感覚です。

杉山　私は第一子を授かってから、我が子はもちろん、他のお子さんに対しての愛情がものすごく変わりました。私も現役時代はある意味自己中心的に生きてきたので、世の中のすべての子どもに対する愛情が、自分の中にこんなにあったのかと驚くくらいです。これまであまりイメージできなかった未来、五十年、百年先も子どもたちにとってよりよい社会を残したいと真剣に考えるようになりました。この気持ちは「息子がくれたギフト」だと思っているんです。

子育てで大切にしていること

竹下　愛さんは子育てで大切にされていることはありますか？

杉山　私たち夫婦は、長男が生まれる前に子育てで何を大事にするか話し合い、二つのことを決めました。一つは親として子育てに「芯《しん》を持つ」こと。普段から子どもと真剣に向き合っていないと、彼らが発する小さな変化やSOSに気づけない。だから小さなことも「まぁいいや」って流さずに必ず話し合うよう心掛けています。

もう一つは親の主観で彼らに「リミットを設けない」こと。我が子のことになるとついついこんなもんかなって勝手に限界を決めてしまいがちですが、子どもの可能性は私たちの想像する以上に無限大だということを忘れないよう気をつけています。

長男にはいろいろなスポーツを体験し、その中で好きになれるものが見つかればいいな、という想いであまり期待をせずにテニスをやらせていたんですが、最近です。それも「あなたはまだいいわよ」って否定するのではなく、彼の意思を尊重してフルサポートしてあげたいと思っています。自分のスケジュールがハードになっても、彼の持つ可能性を広げてあげたい。そういう意味で、私がどう思っているかというアイメッセージは伝えながらも、周りと「比べない」、彼自身の良さに注目して言葉を掛けるように心がけています。

それから、叱《しか》る時と同じくらい、褒《ほ》める時のボルテージも高くあるように意識していますね。厳しく叱る時も感情で怒るのではなく「なぜ駄目なのか」というWHY《ホワイ》の部分をしっかり説明することで子どもたちも分かってくれると思います。子ども相手だからとごまかしてはいけないというか。大人だから偉いわけでも、何もかも知っているわけでもないですから、間違っていたら素直に「ごめん」と謝って、あまり気負わずに等身大の自分で頑張っているところを見てもらえたらいいかなと思っています。

竹下　愛さんのお話を聴いていたら自分が恥ずかしく思えてきます（笑）。でも、私も同じように、子どもたちを「比べない」っていうことは特に意識してきました。うちは二歳違いの兄弟なので競争することも多いんですが、周りのお友達とはもちろん、兄弟の間でも「お兄ちゃんはこうだった、弟はこうだった」と比べないようにしています。特に長男は優しさゆえに人の顔色をうかがったり、我慢しがちなところがあるので、自分の想いをちゃんと吐き出せるように声がけすることも心掛けていますね。

私がこれまで戦ってきたバレーの世界はある意味トップダウンで、気を抜くと子育てでもついそうなってしまうので、一人ひとりの子ときちんと目線を合わせて対話するのが大切なのかなと。それから、夫婦のあり方として子どもの前でどちらかが、どちらかを悪く言うことがないように気をつけています。我が家では子どもたちにとってパパが絶対的な存在であってほしいので、私はそのための役割に徹してバランスを取っています。

杉山　親のスタンスとして共同体でいるって大事ですよね。子どもへの叱り方一つにしても、夫婦で言っていることが違うと子どもも迷ってしまいますし。私たちもそこは気をつけていて、その場では違うと思ったこともぐっとこらえて、夫婦間で話し合う時間を設けるようにして

2012年8月、ロンドン五輪女子バレーボール3位決定戦にて ©AFP=時事

いるんです。

　夫がよく言うんですが、普段あまり子育てに関わらないお父さんが、お母さんが子どもを叱っている時に〝逃げ道〟をつくってしまうことってあると思うんです。

竹下　あぁ、ありますよね。「お母さん怖いね」とか言って。

杉山　ありがちですよね。でもそれをするとお母さんと子どもの信頼関係が崩れちゃう。日々子どもと築いてきた関係を壊さず、お父さんには日々頑張っているお母さんの味方でいてほしいと思います。

　私たち夫婦は、仕事の現場でも常に一緒なので、話す時間が確保されていると ころは他のご夫婦と違うところかもしれません。とにかく夫婦間の関係性がよくないと、子どもたちにとってもよくないと思うので、お互い小さなことでも溜《た》め込まないようにしていますね。普段のコミュニケーションの中で、マイナスなこともプラスなことも気づいたら言葉にするようにしています。そういう姿を見ているからか、息子も何事にもよく気がつく子に育ってくれています。

選手時代の経験を通して子どもたちに伝えたいこと

杉山　私自身、現役時代から、テニスをツールに人間として成長することを一つのテーマとしてきました。この経験から、子どもたちには何でもいいから心から打ち込めるものに出逢ってほしいと思っているんです。

　それと同時に、ただ成績を上げればいいという考えでは、大事なものがすっぽりと抜け落ちてしまう。だから、どんな対象に打ち込むとしても、その中で逆境を乗り越えていく力、レジリエンスを培《つちか》うことが人生において何よりも大切だと思っています。

　このレジリエンスを養うためにはスポーツは最適ですよね。自分一人では何もできないけれど、親がいて、仲間がいて、コーチがいて、周りのサポートがあって初めて選手として輝ける。その感謝の気持ちがないと、厳しい世界で戦うことはできませんから。

竹下　愛さんは、現役時代の逆境をどのように乗り越えられたんですか？

杉山　プロになって八年目、二十五歳の頃に直面したスランプは、それまでの人生で最も高く大きな壁でした。毎日練習しているのに調子が悪くなり、ボールの打ち方が分からなくなる。そのうちコートに立っていることすら怖くなり、試合に出れば負けてさらに自信を失うという悪循環で精神的にもボロボロになりました。もう辞めてしまいたいと思ったことも何度もありました。

　そんな時、縋《すが》るような想いで母・芙沙子《ふさこ》にコーチを依頼したんです。その時、母から「あなたは自分のやるべきことをやり切ったの？」と聞かれてはっとしたんですよね。そこで現実から逃げている自分に気づき、向き合ったことが一つのターニングポイントとなりました。フォームやトレーニングはもちろん、意識改革にも力を入れたことでスランプを乗り越えることができたんです。それまではフィーリング重視、勢いで進んできたようなプロ人生前半戦だったので、ある意

私が逆境や試練を通して得たことを子どもたちにも伝えていきたいと思います——竹下佳江

味本当のプロとして踏み出せたのがこの時だったと思います。

母はテニス選手ではないものの、技術的な部分もよく勉強してサポートしてくれましたし、特に精神的なアプローチについてはガイド役として私を導いてくれました。私の心・技・体すべてのトータルコーディネーターのような役割を果たしてくれたおかげで、シングルス世界ランキングでトップテンに入るという夢を実現することができたのです。

二十二歳で世間から浴びせられたバッシング

竹下　私もこれまでバレーボール一色の人生を歩んできて、その中で得た一つひとつの出逢いが、いまの自分の財産になっていると感じています。

特に日本女子バレーが初めてオリンピックの出場権を逃したシドニー五輪予選は私にとって特別でした。当時二十二歳、高校を卒業して四年目で初めて日本代表のセッターに抜擢《ばってき》されたものの、結果を出すことができなかったのです。当時、身長百五十九センチと、バレー選手としては小柄な私を起用し、五輪出場を逃したことに世間から強烈なバッシングを浴びせられ、一度は引退に追い込まれるほど精神的に苦しい時期を経験しました。ただ、その渦中《かちゅう》にいても手を差し伸べてくださる方もいて、外の世界を知ることによって私自身もコミュニケーションの取り方など多くのことを学びました。

この経験から、私は苦しい時は苦しいと周りにＳＯＳを出してもいいと思っているんです。溜め込んでもう駄目だとなる前に、自分から助けを求めることで手を差し伸べてくれる人はたくさんいる。私は現役時代、メディアの前で絶対に笑わないと決め、常に自分を厳しく律していたのですが、子どもたちには辛《つら》い時は周りに助けを求めてもいいんだよと伝えたいですね。

杉山　竹下さんも苦しい時期を経験されたんですね。でも、それを乗り越えられた四年後、ロンドン五輪前の中国戦は本当に感動しました。家族みんなで観戦して、あんなに盛り上がったことがないくらい。テレビの前で思わず叫びました。

しかも、セッターにとって「命」と言われる左手の指を骨折されたまま、それを周りの選手に隠して試合に挑まれたと後になって知って本当に驚きました。

竹下　あの試合、見ていてくださったんですか？　嬉しい！

骨折したまま試合に出るというのはいまの時代絶対あり得ないことなんですが、このオリンピックで引退すると決めていたので、指がどうなってもやるしかないという想いで戦いました。チームとしてロンドンで勝つためだけに考えられる手をすべて尽くしてきて、ここでチームの戦略や戦術を狂わすことはできないと思ったんです。これまでいろいろな逆境や試練がありましたが、それを乗り越えて得たことは子どもたちに伝えていきたいですね。

杉山　そうですね。スポーツや子育てに限らず生きていれば人生って失敗の連続で、うまくいかない時もたくさんあります。そういう時に「ピンチはチャンス」、ピンチを与えられている自分は、これからもっとよくなるチャンスも同時に与えられているんだと思えるかどうかが、道の分かれ目だと思います。

人として当たり前のことができるかどうか

竹下　愛さんはこれまでの経験を通して、お子さんにどんな子になってほしいと思われますか？

杉山　周りから応援してもらえる、人として可愛《かわい》がられるチャーミングな人に育ってほしいですね。選手の中にもいるんです。指導者としてこの子は何とかしてあげたい、サポートしてあげたいと周りに思わせる子。それは技術的な問題ではなく、ちょっとした当たり前のことができているかどうかで変わってくる。気持ちのいい挨拶とか、自分がうまくいかない時も感謝の気持ちが言えるかどうか、素直に謝れるかどうかとか。人として当たり前のことを大事にしてほしいと願っています。

竹下　私も同じです。言葉にするとありきたりですが、人を思いやれる優しい子に育ってくれたらと願っています。私はどちらかというと厳しい性格だっただけに、それを反面教師に、子どもたちには優しさをプラスしてあげたいなと思います。

杉山　人の立場に立って物事が考えられるかどうかって大切ですもんね。

それから、こういうことを子どもたちに言いながら自分ができていなかったら元も子もないので、人として当たり前のことを徹底する。これは選手時代より母になってからより意識するようになりました。

両親から教わったこと

竹下　私は自分が子育てをするようになって両親の偉大さを改めて痛感するようになりましたね。両親は私がバレーに集中するためのバックアップ体制を万全に整えてくれていて、「あなたが頑張ることは全力でサポートするよ」と、成人するまで支え続けてくれました。

特に心に残っているのは、いまは亡き父が、高校生から社会人チームに入る時に掛けてくれた言葉です。

「世の中にはいろいろな理不尽なことがある。でも何があっても〝忍耐〟することが大切だよ」と。十八歳の私は耐え忍ぶという言葉にどこかマイナスなイメージを抱いていました。しかし年を重ね、様々な逆境や試練を経験して、父が掛けてくれたこの言葉の意味を少しずつ理解できるようになりました。父の教えの通り何事にも〝忍耐〟が大事だと、いまでは心からそう思います。

杉山　子育ても忍耐の連続ですよね。私は、自分の母からしてもらった子育てが本当に心地よかったなぁと振り返って思います。母は二十六歳で私を産んだので自分と比べて若くして母になったのに、本当に子どものことを考えながら一所懸命に子育てしてくれたんだなぁって。

「子どもはいずれ社会にお返しする、社会からの預かりもの」

　母はいつもそう言うんですが、この言葉通りの子育てをしてくれました。そんなふうに育ててくれたからこそ、親子の間に心地よい距離感があったんだと思います。

　それから、母はどんな時も必ずエクスキューズをつくってくれました。「これをやらなきゃ駄目」ではなく「いいじゃないこれで」というような逃げ道を与え、私が苦しくなりすぎないよう、ゆとりをつくってくれていたんです。それに加えて、いつも「あなたはどうしたい？」と私自身の想いや考えを尊重してくれました。中学生くらいの時に「たまにはママに決めてほしいんだよ」って言ったことがあるくらいです（笑）。

　でも、これってすごく大事なことだと思うんです。社会で生きていく上で、自分の想いを自分の言葉できちんと表現できることは大切ですから。私も母として息子に向き合う上で、「これに対してどう思う？」「どうしたい？」と、息子の意思を尊重して必ず聞くようにしています。

竹下　あぁ、きょうは本当に素敵な場にお招きいただいたなぁとしみじみ……（笑）。愛さんのお母様のことは本当に素敵な方だと尊敬していてご著書を拝読したり、いつも勉強させていただいているんです。きょう改めてお話を伺って学ぶことばかりでした。

　子育てって家族によっていろいろな形があって、どれが正解、不正解なんてないと思うんです。私はその中で、皆さんから学んでいいとこ取りをしたいというか。自分の母はもちろん、主人のお母さん、愛さんから教えていただいたことを柔軟な頭で一つひとつ取り入れて実践していきたいなと思います。

子どもと共に成長する〝共育〟

杉山　これは私の母もいつも言っていることですが、子どもがゼロ歳だったら、ママもゼロ歳、一歳になったらママも一歳。共に育《はぐく》む「共育」で、ママも子どもと一緒に育っていけばいいと思うんです。
　ママのほうがちょっと早く生まれた人生の先輩かもしれないけど、私の場合、長男の時は七歳と数か月のママ、長女の時は一歳数か月のママでいいんだと思うと気負いすぎずに自分のスタンスでいられるんです。竹下さんの仰《おっしゃ》る通り子育てに正解はなくて、その子によっても、状況によっても問題の解決法は変わっていきますよね。だからその都度、自分のベストを尽くせば後悔せずにいられるのではないでしょうか。そういう想いで、私も子どもと共に成長したいですね。
竹下　同感です。私も背伸びせずに子どもと一緒に成長できることが大事だと思います。それからこれまでの経験で思うのは、周りに「甘える勇気」も必要なのかなということ。私、もともと人に甘えることが下手で、特に現役時代はうまくできなかったんです。でも子どもを授かってからは、この「頼る力」の大切さを痛感するようになりました。いまではママ友にも義母にもたくさんサポートしてもらって、自分も頑張る時は頑張るというように一人で抱え込まず、また背伸びせず、ある意味で子育てを気楽に考えることも大切だと思います。

母として子どもたちに何を残すか

杉山　そうですね。私、人生楽しんだもの勝ちというか、チャレンジすることにすごくわくわく感を覚えるんです。新たな挑戦って勇気がいるけれど、ママが頑張っていることは家族にも必ず伝わると思います。一所懸命に取り組むことの大事さ、うまくいかない時も自分の人生を楽しむ力、そういう自分の生き方を、子どもたちにも生活の中で伝えていけたらいいですよね。

竹下　私がこれまで務めてきたセッターというポジションは人を「活かす力」が求められるので、そういう思考が染みついている部分もあると思うのですが、基本的に人の力になること、人をサポートすることに喜びを感じるんです。自分と関わった誰かが喜んでいたり、輝いているとすごく嬉しい気持ちになる。セッターというポジションが、そういうふうに私を育ててくれたのかもしれませんが。

なので、私は母として、これからも主人も含めた子どもたちのサポートを全力でやっていきたいと思っています。自分が率先して先を走るというよりは、「あなたたちの絶対的な味方でいるんだよ」ということを示していきたい。そういう想いでこれからも愛情を注ぎながら、私も愛さんが仰る「共育」を大切に、子どもたちと共に成長していきたいですね。

子どもたちには心から打ち込めるものに出逢ってほしい——杉山愛

※杉山芙沙子さんの記事は、『致知別冊「母」』のVOL・1、VOL・2、2021、に掲載されています。

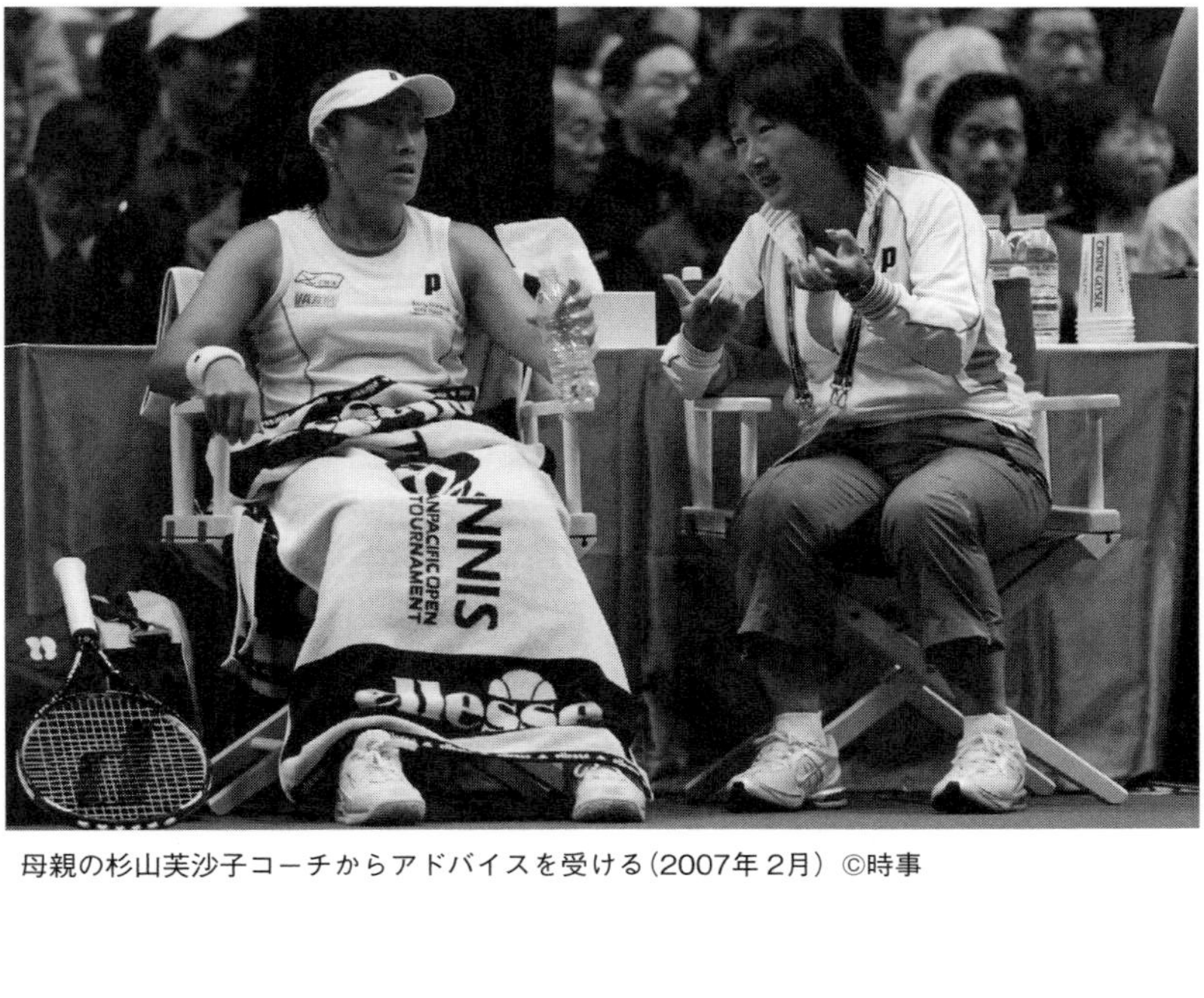

母親の杉山芙沙子コーチからアドバイスを受ける（2007年2月）©時事

［対談］二人の母が語る

希望は失望に終わらず

一人は失明・失聴の子を東大教授に
一人はダウン症の子を書家に

福島令子

「指点字」考案者

ふくしま・れいこ――昭和8年静岡県生まれ。16年に中国・青島に渡り、終戦の前年に帰国。病気療養のため、京都府立福知山高等学校普通科を2年で中退し、その後、福知山文化服装学院に入学。洋裁の初級教員免許を取得。30年結婚。37年三男の智氏を出産。智氏の闘病生活を支える日々が始まる。平成8年、智氏と共に吉川英治文化賞受賞。著書に『さとしわかるか』（朝日新聞出版）がある。令和4年、智氏との実話を基にした映画『桜色の風が咲く』が公開され、反響を呼んだ。

盲ろう者となった息子に、ダウン症として生まれた娘に、二人の母は「指点字」と「書」という秘法を授けました。それはやがて彼らの行く道を照らし、人生をひらく原動力となっていく――。

福島令子さんと金澤泰子さん。一介の主婦だった二人の人生は、一人の子を産み、育てたことによって磨かれていったのでしょう。そしてそこに、どんな人生の光を見出したのでしょうか。

二〇一〇年の『致知』に掲載され、大きな反響を呼んだ対談記事には、母の持つ愛情の偉大さが示されています。

金澤泰子

女流書家

かなざわ・やすこ――昭和18年千葉県生まれ。37年明治大学入学。在学中に歌人馬場あき子に師事。能楽「喜多流」の喜多節世、書道「学書院」の柳田泰雲に師事。平成2年東京都大田区に久が原書道教室を開設。10年書道「泰書會」に入会。柳田泰山に師事。『あふれる愛』（どう出版）など著書多数。久が原書道教室主宰。東京藝術大学評議員。

ダウン症児を持つ母親たちに希望を

福島　金澤さんとお会いするのは初めてのことですが、以前、テレビのドキュメントか何かで見て、なぜか印象に残ってたんですよね。お母様の指導を受けながら翔子《しょうこ》ちゃんが大きな書を書いておられて。

金澤　私も福島さんにはぜひお会いしたいと思っていたんです。智《さとし》さん、すごいじゃないですか。二年前（二〇〇八年）、盲ろう者として初めて東大教授になられた時も随分話題になりましたが、最近ますますご活躍の様子ですね。

福島　ありがとうございます。まぁ、本人はストレスが相当多く、いっぱい病気を抱えていますが、皆さんの前ではニコニコして、健気《けなげ》な感じがしますね。翔子ちゃんじゃないですけど。

金澤さんは、翔子ちゃんにどうして書道を教えようと思われたんですか。

金澤　もともと書は私自身、柳田泰雲《たいうん》先生に師事してずっとやってきたんですが、翔子に教え始めたのは、彼女が五歳の時でした。

ダウン症の子は言語障がいが強いですし、お友達と心を打ち明け合ったりもできないだろうから、孤独だろうと。私のいなくなった時に一人でも時間を潰《つぶ》せるようにと思ったのがきっかけでしたから、翔子の書が世に出るとは夢にも思いませんでした。二十歳の時に、個展を開く機会をいただいたのが始まりで皆さんの目に触れることになり、現在に至っています。

神様から鉄槌を食らわされた

金澤　智さんは、いま東大で何を専門に教えておられるんですか。

福島　なんでも教育学の中に「障害学」という分野を初めてつくったとかで、国内外あっち行ったりこっち行ったりで大変みたいです。

いま智は、全国盲ろう者協会の理事も務め、障がい者全体の福祉増進を図ったり、国の機関にも働きかけているんですが、あの子の苦労を考えたら、本当に何でもできるように思いますね。

翔子ちゃんは金澤さんにとって、初めてのお子さんだったんですか。

金澤　はい。私が四十二歳の時で、当時はかなりの高齢出産でした。

振り返ってみると、翔子が生まれるまでは、いろんなことがうまくいき過ぎていました。だから、もし翔子が健常者だったら、たぶん鼻持ちならない人間になっていたんじゃないかと思うんです。

本当にいい気で生きていたものですから「知的じゃないものは美じゃないよ」なんてひどいことを嘯《うそぶ》いていました。主人ともお能の関係で知り合って、もし男の子が生まれたら「花伝書《かでんしょ》」に従って日本一の能楽師にしようとかいい加減なことばかり考えていたんです。

昭和六十年に翔子が生まれた時、ダウン症のことは周りには知らされていたんですが、帝王切開でしたので、私は知らなかったんです。で、翔子は四十五日間、カプセルの中に入れられていました。

私は母が産院をしていたものですから、多少の知識があり、もしかするとダウン症かもしれない、と疑惑を持ちながら過ごした時期が二か月近くあったんです。

福島　随分ご心配だったでしょう。

金澤　はい。それで私、このことは皆に知らせられない、と思いましてね。母にも、まして主人には言えないから、一所懸命隠してたんです。で、二人の退院の日、意を決して先生に「娘はダウン症でしょうか」と尋ねたら「そうです」と言われたんですよね。

その時に本当に背筋が凍《こお》る思いでね。この子には知能が全《まった》くなく、一生歩くことができないと。その瞬間、ダーンッて、神様から鉄槌《てっつい》を食らわされたように感じました。

翔子の姿を見ながら教えられたのは、愛情こそが人間の根本であり、本質なんだということでした（金澤）

知能がまるでない寝たきりの子を、私がこの世に出してはならない。大きくなる前に揺《ゆ》り籠《かご》の中で始末しなきゃいけない、私と一緒に死ぬしかないと、ずうっと思い込んでいました。

福島　そこまで思い詰められて。

金澤　最近、その頃の日記が出てきたんですけれども、すごい苦しみようでしてね。死にたくてもなかなか死ねなくて、非常に苦しくって。あぁ、この世には、どうしようもないことがあるんだ、ということを初めて知りました。

三歳で右目を失明

金澤　福島さんも、智さんが初めてのお子様ですか。

福島　いえ、上に兄が二人いましてね。だから私は子どもって、元気に生まれて、健康に育って当たり前だと思ってたんですよ。実際、智は体重も四キロ近くあって、離乳食もよく食べるし、生後一年ぐらいは元気に育っていたんです。

ところがある時、二人の兄が流行《はや》り目（流行性結膜炎）をもらってきたんですよ。智にうつしたら大変だと思ってかなり気を遣ったんですが、知らない間に智も目が真っ赤になったんですよね。

主人からは「これは異常だから、眼科に連れていけ」と言われたんですが、私はその時なぜか「どうせお兄ちゃんと同じ流行り目で、薬もあるから」と言って病院には行かなかったんですよ。ところがしばらくしたら智の真っ黒だったお目々がね、さっと曇《くも》ったんです。

金澤　目が曇った？

福島　そう、磨《す》りガラスってあるでしょう。あんなふうに黒い角膜がさっと曇ったんですよ。慌てて病院に行ったんですが、「お母さんの思い過ごしでしょう。生まれた時から鳶色《とびいろ》やったんと違いますか」って言われたの。

そんなアホな、と。母親ってね、もう、いっつも抱っこしておっぱいもやりますし、一番よく見てますからね。そんなことありませんって、二十日間問答したんですよ。でも先生、信じてくれなかった。

そしたらある時、智の横顔をふと見た先生が「えぇっ、お母さん！　智君の目の色がおかしい」って。えらいこっちゃ。

金澤　そこで初めて気がつかれた。

福島　でもその時は何が原因か分からず、表面が荒れているだけだから大丈夫だ、ということでした。ただ赤ちゃんだから大事をとろうというので、私は智をおんぶしながら、毎日毎日病院へ通いました。

それで一年間通ったら曇りが取れて喜んだのも束の間、冬が巡ってくるとまた同じ症状が出たので、大きな病院へ連れていったんです。すると「重大な病気が隠れているかもしれませんから、入院してください。ひょっとすると手術をするかもしれません」と言われました。それ

私は神様が智を育てるための人間として、自分を遣わされたんじゃないかと思うことが時々あるんです（福島）

ですぐ入院の手続きをしたんですが、先生方も何が原因かが分からないから、手当たり次第いろんな検査をされる。

金澤　原因が分からなかった。

福島　初めての全身麻酔をして検査をしたその日、先生から「眼圧（眼球内圧）を測ったらいまのところギリギリの線ですが、予防的に簡単な手術をしておきませんか」と言われたんです。私、その時、嫌やなぁと思ったんですよ、智の目にメスを入れるということが。

　でもちょうど主人が仕事の忙しい時期で検査に立ち会えず、その場にいなかった。だから、決断は私にかかってるんですよ。で、迷いながらも「先生がそうおっしゃるならお願いします」と言ったんです。小さな手術だったそうですが、結果的に見ると、その刺激が後々までも災《わざわ》いしましてね。

　だんだんだんだんいろんな症状が出てきて、ひどい炎症が出るようになりました。智が三歳になった頃、手術をしたその先生が「お母さん、いくら高価な薬を使っても、枯れた木に花は咲きませんよ」と言ったんです。

金澤　なんてひどいことを。

福島　ある日「もう智君の右目は、たぶん見えないと思います」と言われました。でも私、そんなこと信じられませんでしたよ。だから家に帰って実験してみたんです。

　まず冷蔵庫の棚にある苺《いちご》を両目で見させる。次に、手術をしていない良いほうの左目に眼帯をさせ、苺を下の棚へ移す。そして「どこに苺がある？」と尋ねたら「おんなじ所にあるよ」と言った。これで悪いほうの右目では見えないことがはっきりしました。……それね、三歳の子がね。母親を思いやったんやと思ったんです。見えないよと言ったら、どれだけ私が悲しむかと思ったんでしょう。

　さらにその直後、左目を守るために右目を早く摘出しなさいと言われたんです。でもね、そんな残酷なことは私……、だからあの頃はもうほんとに毎日泣きましたね。

「かわいさ」が子どもを育てさせる

金澤　智さんはもちろん、お母様も共に苦しかったでしょうね。

　私のほうは、死にたいというんじゃなくて、死ななくちゃいけない、私が責任を取って始末しておかないとまずいだろうと。知能が全くないというのは、想像もできないほど恐ろしいことでしたから。

　ただ、そうやって私のほうは動揺していましたが、翔子は賢くてね。私がお乳を薄めて衰弱死させようか、なんて馬鹿なことを思っていても、ニコニコニコニコしてましてね。結局このかわいさで私はお乳を薄め切れない。「かわいい」ってことが、子どもを育てさせちゃうんですね。それがどうしても翔子を始末できない理由でした。

　ただかわいそうに、四十五日間カプセルにいて、誰にも抱かれず育った翔子を初めて抱っこした時に、私泣いてましてね。あの子が初めて見る母親の姿が、ずうっと泣き顔だったわけですよ。そうやって取り返しのつかないことをしてしまったんですが、空間を見て、ゆえもなくニコッと微笑《ほほえ》む。私はそれが知的障がいの大きさであり、また強さではないかと感じました。

　それと、時間の経過とともに徐々に立ち直っていく過程で、姉がある時、「ダウン症で医師になった人がいるのよ」と言ってくれたんです。きっと私を励ますために嘘を言ったのだと思うんですが、その時に「希望」というものが初めて見えたんですよ。そして、いろんな訓練を始めたんですね。

福島　あぁ、希望が持てたことで。

金澤　私、いまとなってみれば、ダウン症はダウン症でよかったんじゃないかと思うんです。この世に生まれてきてくれた。それだけで十分なのに、自分が望む子じゃなかったから苦しかったんだって。

　実は翔子が生まれる時、仮死状態で敗血症を起こしていたため、主人には病院側から交換輸血の必要性が説明されていました。「ダウン症を持って生まれた子だから、交換輸血してまで助けるのはどうだろうか」と言われたんですって。

　その時に主人は「主よ、あなたの挑戦を受けます」と言って翔子の命を助けた。その話を私の脇で能天気に話しているんですよね。私は殺さなくちゃいけない、と思っているのに、どうして助けちゃったの？　と思っていたんですが。それから三年ぐらいが経《た》った時、主人は「僕が翔子を助けたことを、やっとありがとうと言える日がきたね」なんて言ってましたから、すべて分かっていたんでしょう。主人は翔子が十四歳の時に心臓発作で亡くなってしまいましたが、いまとなれば「ありがとう」と言わざるを得ませんね。

十歳で般若心経に挑む

金澤　翔子は最初、小学校の普通学級に入っていたんですが、四年生に上がる時、担任の先生から「もう預からない」と言われちゃったんです。それで私、またダーンと落ち込んだんですが、でもすごいと思うんですね、人生は。

　というのは、その時にあまりにも膨大な時間があるので、翔子に「般若心経《はんにゃしんぎょう》」を書かせようと思ったんです。普通に考えれば絶対無理ですよね。大人でもなかなかうまく書けないのに、それを十歳の、しかも障がいの子に。でもやろうと決心して、毎晩私が罫線《けいせん》を引き、来る日も来る日も挑みました。

　それで私も自分の子だから、容赦なく叱《しか》り飛ばしてしまうんです。「なんでいま頃、こんなこともできないの！」って。翔子は叱られることがとっても辛《つら》いわけですよ。

　さっきの苺のお話が、とてもよく分かるんですが、子どもって決して親を悲しませたくないし、親が嫌がることは絶対言わないんです。だから本当に毎晩涙を流しながらだったんですが、遂《つい》に二百七十二文字分を書き上げた後、翔子は畳に両手をついて「ありがとうございました」と言ったんです。

福島　あぁ、十歳の翔子ちゃんが。

金澤　翔子の場合は、すべてにおいてそうですね。誰が教えたわけでもないのに「ありがとう」って。例えば「暑い、寒い」も皆に心配をかけると思って言わないし、そういう感謝の念とか、人を喜ばせたい、悲しませたくないという気持ちが人一倍強い。翔子には知的障がいがあって、名誉心や競争心がないから、人を妬《ねた》んだり、羨《うらや》んだりすることもない。だからその分、心や魂が汚れていない。そういう翔子の姿を見ながら教えられたのは、愛情こそが人間の根本であり、本質なんだということでした。

これからを
どう生きるかが大切

金澤　でもそうやって私が少しずつ良くなってきたのに対して、福島さんのほうは次から次へと障がいが重なっていきますよね。

福島　はい。右目の摘出手術を終えた後も、炎症が出てきて安静にしてくださいと言われ、小学校も三年からはほとんど通えていないんです。義眼が理由でいじめにも遭い、そのストレスが原因で症状も悪化。再び入院となりました。

　ただ入院した時は、視力も〇・八あったんですよ。外来の時は偉い先生にだけ診てもらって「智君の目は触ったらいけない」と、大事に大事にしてもらっていたんです。でも入院して初めての手術の時、担当の先生が代わられたの。そしてその先生が私の留守の間にちょっと手術をしたそうなんです。

金澤　お母さんのいない間に？

福島　えぇ、触ったらいけないという目ですのにね。それも最初は手術室でやってくれてたのに、終《しま》いには処置室でやり出すようになって。するとある時、智が「お母ちゃん、何か、景色が万華鏡みたいに見えるよ」と言い出して、目の中が変化してきたんですよね。それで入院から半年が経った九歳の六月に失明してしまったんです。

金澤　あぁ、両目とも……。

福島　智はね、失明する前に眼圧が上がってね。もう、辛抱強い子やのに泣きました。そうすると、熱は出るし、お部屋の人が皆寄ってきて、足をさすったり何かしながら「頑張れ」とか「神様に拝んであげる」とか言ってくれました。普段泣かない子が泣くんですから、相当痛かったと思うんですけど。

　大人でも、眼圧が上がったらすごく苦しいそうですね。もう、ほんとにあの時はかわいそうやったですよォ。智は水を飲まなかったら眼圧は上がらないと信じ切っていて、好きな苺を食べる時でも、これ一個で五cc分かなとか言いながら。

　そのうち師長さんが「お願いやからヤクルトでも飲んでちょうだい」と言いましたが、意志が強くて頑《がん》として拒否し、水でうがいなどして辛抱していました。智の皮膚はミイラみたいに皺《しわ》が寄ってね。その後、最後の手術をされたけど、眼圧が上がり切っていてもう手に負えなかったですね。

金澤　見てる側も堪《たま》らないですね。

福島　その時、智はね、いろいろと考えたんだと思います。まだ九歳やのに、偉いなぁと思いますよ。

智の入院費用などをたくさん出してくれていた祖父が、智の目が見えなくなったと聞いたら、もう、泣いて、泣いてね。祖母が言うには、家で祖父の姿を三日間も見かけないと思ったら、家の二階へ上がって泣いていたそうです。

でも智はね、お医者も恨まなかったし、神仏にも不平を言わず、親にもとやかく言いませんでした。

金澤　すごいお子さんですね。

福島　そしてね、自分は失明しているのに、祖父が泣いてると聞いたら「お祖父《じい》ちゃんに電話をかけるから地下まで連れてって」と言って、病院からこんな電話をしたんです。「お祖父ちゃん、泣いても仕方ないんだよ。するだけのことをしてこうなったんだから。世界中で一番偉い先生が診てもダメな時はダメなんだよ」って。

そして「僕はね、いま悲しんで泣いてるより、これから先、どういうふうに生きていったらいいかを考えるほうが大事だと思ってるんだよ。お祖父ちゃん、僕は大丈夫だからね」。

祖父はそれを聞いて、余計泣いたと言いました。親が言うのもおかしいですが、この時は私も、すごい子やなぁと思いました。

苦しみ抜けば 違う地平に出られる

金澤　しかし本当に壮絶ですね。

私がいま振り返ってみて、自分のしたことで唯一、翔子にとってよかったと思うのは、彼女に「ビリ」の地位を見つけてあげたことだと思うんですよ。

私が狂気の如《ごと》くなっている時に、いろんな本を読んだんですが、その中にある「神はこの世に不要なものはおつくりにならない」といった言葉を日記に書き出したりしていました。普通の親はだいたい上を目指していますから、最後の位置って誰も見てないんですね。

翔子はとにかく何をやってもビリなので、ある時先生にご迷惑を掛けて申し訳ないと言うと「いや、翔子ちゃんがいるから、クラスの皆が優しくなるんですよ」

東京都台東区の瑞輪寺で席上揮毫に臨む金澤翔子さん（左）と泰子さん

苦しい時は苦しいことを苦しみ抜けば、違う地平が見えてくる（金澤）

この世に起こるすべての物事は緻密に計算されて、いまここにあるような気がするんです（金澤）

と言ってくださったんです。翔子がビリを受け持ってるから、成績のよくない子も安心してるし、ひ弱な翔子を守ろうとして優しくなるって。

福島　子どもたち同士で思いやりが生まれるんでしょうね。

金澤　そしてその時に「ビリ」を徹底していけばいいだろう。それをきちっとやろうと決めて二十年近く過ごしてきたんです。そしてずうっとビリのままできて、いつか抱いた「この子を何かで日本一にしたい」なんて思いは一時たりと浮かんだことがありませんでした。

ところが翔子が二十歳になって初めて個展をやった時、銀座書廊に二千人以上もの方が来てくださったんです。そしてその後、テレビ局から送られてきた番組のレジュメに「日本一のダウン症書家・金澤翔子さん」と書かれてあったんですね。それを見た時に、人生ってすごいと思いました。二十年間、一度も頭をよぎったこともなく、地を這《は》うような思いでずうっとビリをやってきたんですが、突然、日本一だなんて言われて。

だから禍福《かふく》は糾《あざな》える縄の如しといいますが、本当は禍も福も同じなんじゃないかって。

福島　なるほど、禍も福も同じと。

金澤　だからやっぱり、苦しみが人間を育てるんでしょうね。辛い時は辛いことを、苦しい時は苦しいことを苦しみ抜けば、何か違う地平が見えてきてね。だから、確かにとっても苦しい思いをしたんですが、翔子によって違う地平に出られましたね。

いま、鎌倉の建長寺さんにも毎年個展をさせていただく機会を頂戴《ちょうだい》しているんですが、今年（二〇一〇年）のゴールデンウイークには一万八千人もの人が来てくださったんですよ。

福島　へぇ、すごい数ですね。

金澤　お寺始まって以来といわれるぐらいの人が並んで、拝観者全員が入り切れなかったほどすごい人だった。私はその様子を上のほうから見ていたんですが、人知を超えた力がこの世にあると感じざるを得ませんでした。

自分は、翔子が生まれた時からずっと「ダウン症を治してください。奇跡を起こしてください」と神様に祈ってきたんですが、結局奇跡は起こらなかったんですね。でもこの世には、何かのエナジーのようなものがあると感じることがたくさん起こってきています。

また、そういう力があることを、翔子を通して理解できたことで、私の中で「許せない」といったことが全部なくなったんですよ。

そしていまは非常に幸せな気持ちなんですね。それまでは人のために、なんて思ったことがなかったんですが、ここ数年は、翔子の書でこれだけ皆さんが感動してくださるんだから、障がいの子を持つお母さんたちの希望になるように、と思って活動しているんです。

だから障がいで苦しんだ分、十分にいいものをもらってね、非常にいい人生になりました。

本当に神があるのなら苦しめてばかりもいない

金澤　しかし智さんが視力だけでなく、まさか聴力まで奪われるとは想像もされなかったでしょうね。

福島　前兆は少しあったんですがね。小学校一年の時、耳鼻科で聴力を測ってもらったら普通の人の七割程度しかなかった。ただその時は目の治療に使っていたホルモンの薬が効いたのか、自然によくなってそのまま忘れていたんです。

　ところが十四歳の時に、突然右耳が聞こえなくなったんです。はっきりした原因は分かりません。それから四年後、筑《つく》波《ば》大学附属盲学校（当時）に在籍していた高等部二年の冬休み、智が帰省するので西明石《にしあかし》の駅に迎えに行ったんですよ。そうしたら「お母ちゃん、ちょっと聞こえ方が悪いんや。いつもより大きな声で話してくれ」と言うんです。私、ギョッとしてね。明くる日に医大へ飛んでいったら、聴力が急激に悪化していたんです。

金澤　聞こえるほうの耳までが。

福島　普通なら即入院で治療を受けるんですが、智は目が見えず、精神的によくないからという話になって、ホルモンの薬が出ました。でも智は「目の時にも飲んだけど効かなかった」と言い、服用を拒否しました。片や、主人は「現代医学を信じろ」と言う。

　一方、智の希望で漢方式の養生も始めました。食事は一日一食だけの玄米菜食のみ。毎日十キロのランニングという厳しい自然療養法に母と子二人三脚で取り組むことになりました。

　数日後、智の好きなオレンジを主人が買ってきてくれたんですが、いくら大きな声で呼びかけても智が振り向かない。「おい、智の耳はどうなっとるんや」と聞かれたんですが、本当にその通りで、智の聴力は毎日毎日落ちてくる。

　ただそんな時でも、智は何かをいろいろ書いたり、重要五科目の勉強をきちっとしてるんですよ。日記をつける。読んだ本の感想文は、論文のように書いてる。この混沌《こんとん》とした時に、よくそんなことができたなって感心しますけど。

金澤　ものすごい精神力ですね。

福島　ただ本人は、これからどうなるかと心配してるだろう。智はいま一体、何を考えとるんやろうな、ほんまに……。そう思っていた時に、智がこんなことを言ったんですよ。「日本の偉い作家は、たいてい自殺しとるなぁ」。

　私は何かの暗示かと思ってね。「あんた、死ぬことだけは考えんといてね。どうしてでもお母ちゃんが助けるからね」と必死に言いました。そしたら「アホやな、お母ちゃんは。僕がそんなことを考える人間やと思ったのか」と言って、ハッハッハッと笑い出した。あれ、笑いで何とかごまかしとったんやと思う。それから何日間かまた悩んだみたい。そしてある日、今度はこんなセリフを吐きました。「僕は何日も何日も考えた。なぜなんだ？　なぜ僕にだけ、次から次から、こういう苦難が与えられるんだと。そして考えに考えて、頭の中が透明になった時に、こういう結論に到達した。
本当の神があるのなら苦しめてばかりもいない。僕をこのようにしたからには何か大きな意味があって、僕に何かを託しておられるのではないかと思えてならない」

金澤　……すごい。

福島　その時に、あ、この子はちょっと吹っ切れてくれたのかな、と思ったの。後から調べると、アウシュビッツの強制収容所で苦しんだ人も極限の状況下で同じようなことを考えていたらしいですね。

金澤　しかしその間、お母様も気が気ではなかったでしょう?

福島　智が帰ってきたのが年末で、たった三か月の間に全然聞こえなくなっちゃうんですから、それは大変でしたけどね。
でも私が最終的に思ったのは、あぁ、智は命を助けてもらったんだと。東京で盲人が暮らすのは、すごく大変なことだと思う。健常者でも、毎日誰かが事故に遭ったりしますでしょう。智の周りにはいろんな人がついててくれたけど、何が起こっても不思議じゃない。だから智は命の代わりに耳をやられたんやなと、そう思ったのでね、あんまりうろたえなかったんです。

誠真実の心で生きていけばいい

金澤　智さんは苦しみには何かの意味があるとおっしゃったでしょう。お母様もそう思われますか。

福島　私は神様が智を育てるための人間として、自分を遣わされたんじゃないかと思うことが時々あるんです。
私は幼い頃から病気がちな上、足の具合まで悪くなって、松葉杖をついたりしていました。憧《あこが》れて入った高校も、通うだけでくたくたになって中退してしまったんですよ。その時、これからどういうふうに生きていったらいいんだろうと思って家中の本を読みました。
すると、ある作家の本にあった「馬鹿でもいいから、誠真実の心で生きていったらいい」というフレーズがコトンと私の胸に落ちて、あ、私はこれでいったらいいんだ、と思ったんです。そういう経験をしたことが、智を育てる上で多少は役立ったのかもしれません。
いまでも外から帰って玄関の明かりをつけようとした時に、いや、智はずっとこの暗闇の中にいるんや、このまま入ってみようと思うんですが、慣れた自分の

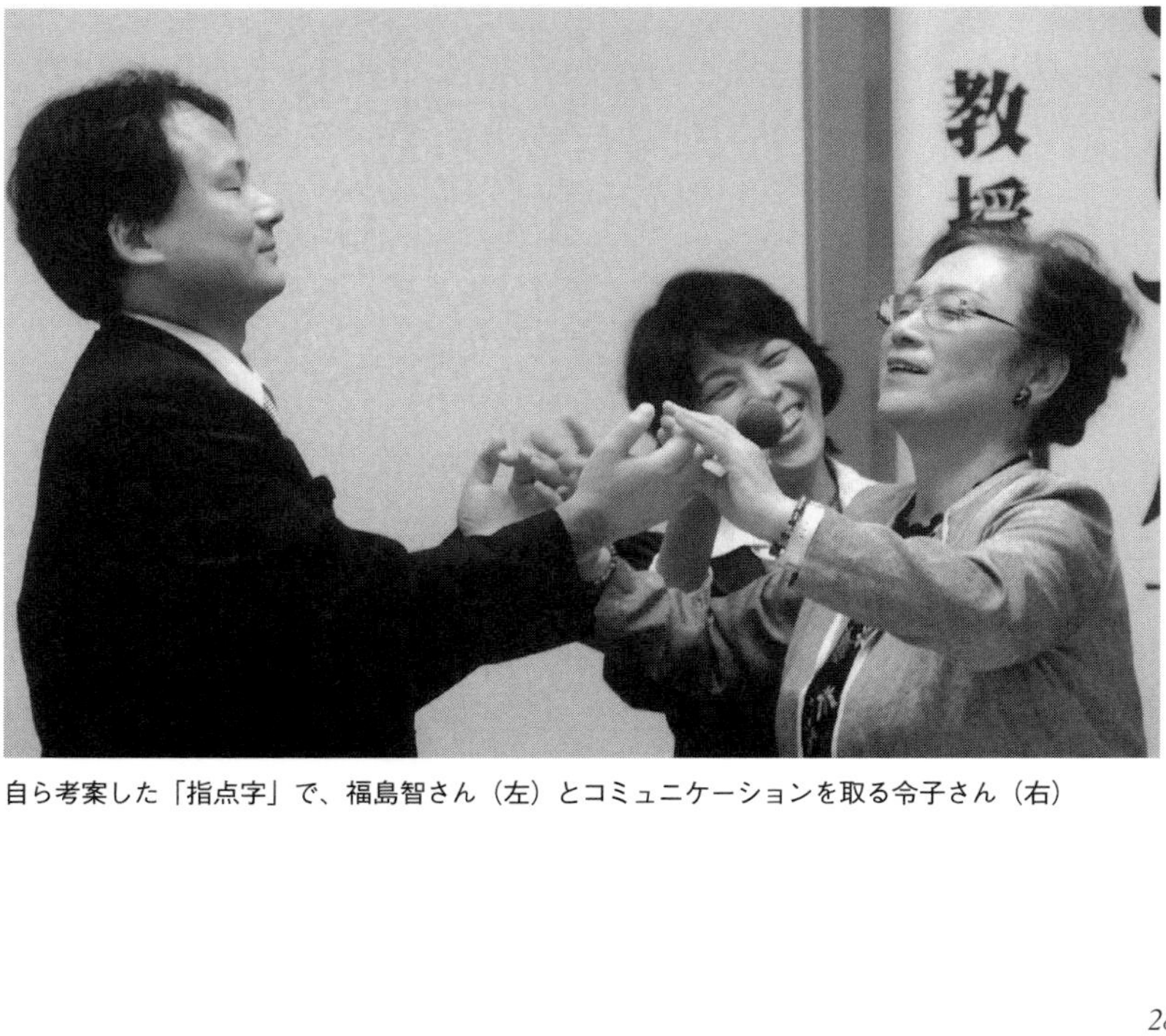

自ら考案した「指点字」で、福島智さん（左）とコミュニケーションを取る令子さん（右）

「智を育てさせてもらった」ということが、私の使命だったのかもしれないですね（福島）

家ですら、あっちこっち体をぶつけたりする。

　テレビをつける時でもそう。あぁ、智はもう、この音も聞こえないんやと思うと、胸がギューッと締めつけられる気がする。

金澤　想像するだけでも苦しくなりますね。

福島　私ね、あの子が失明した九歳の時に、自分は智の「見えない」という苦しみをほんとに分かってるのかなと思って、目を閉じて歩いてみたり、お風呂に入ってみたりしたことがあるんですが、五分と辛抱できないんですよね。

　目を完全に閉じると、自分の世界って、私の体の周りだけなんですよ。それで思わず目をパッと開ける。すると、視野がずうっと広がって、ものの形が見える、色が見える、心までパァーッと広がった感じがするんです。

　ところが智はこの喜びがもう生涯味わえないんやと思ったらね、私はどうしたらいいのか、と随分悩みました。そして、そうや。智には生来の明るさがある。元気さがある。だから、あの子の「心」を守っていこうと。それ一点に絞ったんですよ。

　だから私は智に勉強しなさいとか、あれしなさいとは一切言わなかった。それで智が「これが欲しい」「あれがしたい」と言ったことは、本人の役に立つことだったら、主人に内緒でも買ってやったりして全面的に協力しました。

金澤　やっぱり目と耳が不自由な分、心のほうが開けてくるんですよね。翔子も知的障がいがあって、目標を持ったり、計算したりできない分、その時、その時の時間がものすごく豊穣《ほうじょう》なんですよ。

　それは私たちの観念からすると、かわいそうだと思うかもしれませんが、少なくとも彼女自身はものすごく幸せ。私たちみたいに人を疑ったり、恐れたりすることもない。全くもう、心のあるがままに、自分が好きになれば相手も同じように好きになってくれると疑わない。知的な面でマイナーである分、心によって非常に支えられている。その心の深さが、翔子の中で育ってきているものだと思うんです。

　書は写経をしなくちゃいけませんから、私は最終的には七万字ある法華経《ほけきょう》をやりたいと思っています。経文を理解するには、まず仮説を立てなくてはいけません。その時に、翔子が一番近くにいてくれるな、と思うんです。

　私たちは観念的にいろんなものがくっつき過ぎていますでしょう。そういうものが最初からない世界って、虚空《こくう》を太陽が照らす如く平穏で美しい。でもそれは観念を取り去ればすぐここにある。そういうものを、翔子は障がいの代わりに与えられたのかなと思いますね。

　先ほど智さんが「神は僕に何かを託しておられるように思える」と言われたと

いうお話がありましたが、私もある本の中で「神は朝顔の咲く刻まで正確に設定している、まして人間に対しては……」という一文を見つけて随分救われました。たぶん神様は何事も考えていてくださるんだと思うんです。そしてこの世に起こるすべての物事は緻密《ちみつ》に計算されて、いまここにあるような気がするんですね。

突然生まれた世界初の指点字

金澤　ところでいま智さんが使っておられる「指点字」は、どのようにして思いつかれたのですか。

福島　私は智の耳がまだ聞こえていた頃、点字のタイプライターを覚えてほしいと頼まれて、あの子との手紙や点訳はタイプライターで行うようにしていたんです。で、智の耳の調子が悪くなってきた帰省中、復学した際に人との会話をスムーズにする方法はないかと考えてたんですが、一所懸命考えてる時には浮かばないんですよね。

　そんなある日のことでした。私が台所で片付けをしていた時、智が「お母ちゃん、何をグズグズしとるんや。もうすぐ医者へ行く時間やぞ」と文句を言って入ってきたんです。私は何を小癪《こしゃく》な、自分も一所懸命しとるのにと思ってね。

　でも言い返そうにも、台所にはタイプライターもない。その時に、智の手に字を書いてもいいし、耳のそばで怒鳴ってもいいけど、ふっとね、あ……、いつもタイプライターを打つのと同じように、智の指を叩《たた》いてみたらどうかなって。

　点字は六つの点で成り立っているので、点字タイプのキーも六つあります。それで、智の両手の指三本ずつ、合計六本に「タイプのつもりですよ」という意味を込めて、ポンポンポンポンポンポンと、初めに私の指でタッチをしました。それからゆっくりと、

「さ　と　し　わ　か　る　か」

　と打ったんです。そしたら智がね、さっきまで怒ってたのに、ふっと笑ってね、「あぁ、分かるでぇ」と言った。

金澤　すごい瞬間ですね。

福島　私、嬉しかってね、その時、ほんとに……。ヘレン・ケラーがサリヴァン先生との出会いをきっかけに「ウォーター」という言葉を学ぶ素晴らしい場面があるけれど、ここは狭い台所（笑）。でもそれが始まりだった。

　ただ、最初のうちは街中で智に言葉を伝える時、智の指に「指点字」を使って指を叩くと、「やめてくれ。僕のこの耳に話してくれ！」と言って嫌がったの。でも、智がいくら嫌がっても、私は智との会話は「指点字」でしたんですよ。一か月以上はしてたと思います。そしてそれが、まさかこんなに役に立つことになるとは、智本人も気がつかなかった。

　私は智が高等部三年に盲ろう学生として復学する前に「智はいま、〝指点字〟という方法で会話をしています」と寄宿舎へ通知をしておいたんです。復学した時、友達がワァーッとあの子の元に寄ってきて、智の指に、

「お　い　ど　う　し　て　た　の　だ　め　し　で　も　く　い　に　い　こ　う　か」

　と打ってくれたんですって。

智は母親がするのはうるさいなといつも思っていたのに、友達がしてくれて、それが自分に通じた。私はそれを横から見てるでしょ。そしたら顔がワッと赤くなって、その頬《ほお》が少しだけ緩んだ。その時に、智は「あぁ、やったるで」と思ったって言うのよ。これやったらやっていけるって。その時、初めて「指点字」に光が差したの。

障がいがあってこその人類の発展である

金澤　いやぁ、素晴らしいお話ですね。私、つくづく思うんですが、やっぱり逆境や試練が人をすごく育てますよね。福島さんのように、この苦境を何とか脱しようとしてすごい考えが出ちゃうとか。

私の場合は翔子によって、すごい力がこの世にあるんだということを感じさせてもらった。その時に、何かとても大きなものに抱かれた感じがして、何も恐れなくなったし、この世に起こるすべての事柄がみんな尊くて、どんなことでもすごいことなんだな、というのが分かりました。

だから苦しみが人間を磨いてくれるんだと思いますね。また、そこからすごいものが生まれてくる。毎日お祭りみたいに楽しいことばかりじゃ、何もできないんじゃないかと思うんです。

福島　やっぱり人間、苦しいことがどなたにでもあると思うんですけどね。そこのところをなんとか耐えて、乗り切っていってほしいなと思い、智の話を頼まれたらできるだけ断らないようにしています。

目が見えない、耳も聞こえないというのは、言ってみれば極限状態ですよね。そんな中でも必死に生きている智のことを伝えることで、少しでも勇気とか元気とかを得ていただくことができたらと思って。それが私のね、最後のご奉公かな、と思ってるんです。

智がここまでくるのには先生方も同級生も、学校中の皆さんが協力してくださったんです。智も私も、ほんとにたくさんの人に助けていただいていまがあるから、それがせめてものご恩返しになればと考えています。まぁ、そうやって、「智を育てさせてもらった」ということが、私の使命だったのかもしれないですね。

金澤　使命ですね、きっと。それで使命が分かってくると、自分一人の苦しみから、だんだん公的な気持ちになっていくんですよね。

だから私もそういう使命ができちゃって、最近はどこへでも出掛けていきます。障がい者関係、特にダウン症と聞けば、どんな遠くへでも行って、「大丈夫ですよ」って。

福島　そういえばある時、智がこんなことを言いましたよ。「障がいや障がい者というものは、何十万年という昔からずっとあったものだ。そして、それがあったからこそ人類の発展がある」って。

金澤　あぁ、その通りですね。ダウン症も、古今東西を問わず、千人に一人生まれてくるんですが、これもやっぱり何かの使命を持って生まれてくるんだと思います。そしてそういう使命を持った子を育てる使命を、私たちは与えられましたね。私、いま本当にそんなふうに思うんです。

コラム ①

笑顔に咲いた天の花

浦田理恵《うらた・りえ》

ゴールボール女子日本代表

目が見えなくなったのは、徐々に徐々に、じゃなくて、二十歳の頃にガクンと来たんですね。左の目が急に見えなくなって、すぐに右の目、とスピードが早かった。小学校の先生になるために福岡の専門学校に通っていた時で、卒業を間近に控えた三か月前の出来事でした。これまでできていたことができなくなるのが本当に怖かったです。

辛《かろ》うじてかすかな視力はありましたが、一年半くらいは一人暮らしのアパートから出られず、両親にも友達にも打ち明けられないままでした。もう本当にすごくきつくて、お先真っ暗で、見えないのなら何もできないし、できないんだったら別に自分がいる意味なんてないと考えたりもしました。

二十二歳のお正月の頃、もう自分ではどうにも抱えきれなくなって、このまま死んでしまうぐらいなら親に言おうと思ったんです。

その決心がようやくできて、福岡から久しぶりに故郷の熊本へ帰りました。熊本へは電車で帰ったのですが、全《まった》く見えないわけではないので、こう行けばそこに改札があったなといった記憶も辿《たど》りながら、駅のホームに降りて、改札口のほうへ向かいました。

すると、すでに母が迎えに来てくれていたようで、「はよこっちおいで。何、てれてれ歩きよると?」と声がしました。

あぁ、お母さんや、と思って改札のほうへ向かったんですが、母の声はするんですけど、顔が全然見えなくって……。

その時に、あぁ、私、親の顔を見たのはいつやったかな、親の顔も見えなくなったんだということで、自分の目がもう見えなくなったことをすごく痛感させられた。改札のほうへも、さっさとは歩けないのでちょっとずつ歩いたのですが、母は私がふざけていると思ったそうです。改札をやっと通り抜けて母の元へ行き、「私……、お母さんの顔も見えんくなったんよね……」と言ったら、母は「ほーら、また冗談言って。これ何本?」って指を出されたんですが、その数も全然分からなくて、母の手を触って確認しようとした。

その瞬間、母はもう本当に、改札の真ん前だったんですけど、ワーッとメチャクチャに泣き崩れて……。それを見てる私も、自分は何をやってるんだろう、とやるせない気持ちになったんですが、でもこれまでずっと自分一人で抱えてきたものを伝えられたと、肩の荷がちょっと下りた気持ちでした。

それと、親がしばらくして「何か自分ができることを探さんとね」と声を掛けてくれた。その時に、あぁ自分がたとえどんな状態になっても親は絶対見捨てないでいてくれるなと実感できたんです。

それまでは家族の存在も、まるで空気のように当たり前に感じていたのですが、いてくれることのありがたさというのが初めて身に染みて感じられました。そしてこれだけ応援してくれたり、励まして支えてくれる人がいるんだから、自分も何かをやらないと、とそれまで後ろ向きだった気持ちが少しずつプラスに変化していきました。

［第二章］

子育てに大切なもの

①

【対談】乗り越えられない試練はやってこない
～五年後生存率ゼロ％の命を生き抜いて～

堀内志保
堀内詩織

②

子どもと保護者の人生を幸せに導く家庭づくりの原則
～本質に気づく子育てレッスン～

木下晴弘

アビリティトレーニング代表

［対談］ 1

乗り越えられない試練はやってこない

五年後生存率ゼロ％の命を生き抜いて

五年後の生存率ゼロ％という悪性小児がんが堀内詩織さんを突如襲ったのは、二〇〇三年、三歳の時でした。

しかし、母・志保さんの懸命な介護、そして地元・高知のお祭りで「よさこい」を踊りたいという強い思いを胸に、詩織さんは辛い抗がん剤治療に耐え、様々な人生の苦難を乗り越え、現在に至っています。

医学の常識を覆し、二十歳を超えて生きる詩織さんの姿は、人間の生きる力と、その意志の及ぼす力のいかに大きいかを語って余りあります。

母子二人三脚で歩まれてきた軌跡を話し合っていただきました。

堀内志保

ほりうち・しほ――高知県生まれ。平成12年詩織さんを出産。3年後に詩織さんに悪性の小児がん「腎悪性横紋筋肉腫様腫瘍」が見つかり、5年後の生存率はゼロ％と宣告される。以後、15歳で新たに見つかった心臓疾患を含め、詩織さんの闘病を支え続ける。

終わらなかった
試練の日々

編集部（以下、本誌）　志保さんに、小児がんを発症した詩織さんとの壮絶な闘病の日々を語っていただいた『致知』二〇一〇年十二月号の記事には、全国からたくさんの感動の声が寄せられました（『致知別冊「母」２０２２』にも掲載）。あれから早十三年が経ちましたが、まず近況からお話しいただけますか。

志保　十三年前に取材していただいてから、何年後だったでしょうか。心臓にも悪いところが見つかりまして……。娘が「よさこい」を踊るようになったきっかけは後にお話ししますけれども、地元・高知の交流事業で韓国へよさこいを踊りに行った際、突然倒れて心臓が止まってしまったんです。

　五分ほど意識が戻らず、現地の病院に駆け込んだものの、明確な診断はなく、結局一泊して日本に戻りました。詩織は韓国に行く前から調子が悪くて、検査はしてはいたのですが、最終的に心臓に病

堀内詩織

ほりうち・しおり――平成12年高知県生まれ。15年に悪性の小児がん「腎悪性横紋筋肉腫様腫瘍」を発病。5年後の生存率はゼロ％と宣告されるも、母の介護、様々な人の支え、「よさこい」を踊りたいという強い思いを生きる力に医学の常識を覆す。その姿は22年に公開された映画『君が踊る、夏』（東映）のモチーフともなった。

もう明日は来るのか、明後日はどうなっているのか分からない、そんな状況で突っ走ってきました（志保）

気が見つかり、十五歳の時にＩＣＤ（植込み型除細動器）の手術を行うことになりました。

　で、障害者手帳をもらって、いまも狭心症の薬を毎日飲んでいますし、二か月に一回は医科大に通い、ＩＣＤも何年かに一度は電池を入れ替える手術をしなければいけません。車の免許を取るにも医師の診断書が必要で、空港の探知機など強い電磁波を発する機器にも近寄れないんです。

　ですから、小児がんは再発しなかったものの、新たに心臓の病気が出てきて、お医者さんとの縁は一生切れなくなってしまいました。

本誌　前回の取材後も試練の日々が続いていたのですね。詩織さんは、ご自身の心臓の病気をどのように受け止められたのですか。

詩織　まず、小児がんの時の手術に加えて、体の傷がさらに増えるのが嫌でしたし、いままで以上に日常生活が制限されるのは本当に辛《つら》いことでした。正直、ＩＣＤを入れてまで、生きなあかんのかなって……。それでも手術を決心できたのは、まだ生きてよさこいを踊りたいという気持ち、母の支えがあったからだと思います。

志保　心臓の手術は親として本当に悩みました。詩織からも「機械になってまで生きるのは嫌や！」「お母さんに私の気持ちは分からん！」って言われました。

詩織　反抗期ではないですけれども、この時が人生で一番母と言い合いをしました。そんなことを母に言ったのは初めてで、それほど心臓の手術は辛かったんです。

志保　けれども、私が「せっかく小児がんに負けずにここまで生きてきたのだから、生きる術《すべ》があるならば、手術をするべきじゃない？」っていう話をしたら、詩織はいま時の子らしく、「手術しても携帯は使える？」って。それで主治医に確認し、心臓から離れた右手で使えば大丈夫だと分かると、手術を受け入れてくれました。

　とにかく、三歳で小児がんを宣告され、「この子は五年生きられない」と言われてから、十五歳まで十二年生きてきた。もう明日は来るのか、明後日はどうなっているのか分からない、そんな状況で突っ

走ってきましたから、親としてここで諦《あきら》めるわけにはいかん、その思いが一番強くありました。

人に生きる力を与えられる人になりたい

本誌　いま、志保さんは高知、詩織さんは大阪と、それぞれ離れて暮らしていると伺っています。

志保　高校三年の夏に、突然「大阪の学校に行く」と言い出したんです。高知の親戚も皆、「心臓が悪いのだから、親元に置いておくべき」「親として止めるのが当たり前や」と散々反対されました。それでも、「もう願書も取り寄せた。ちょっと見学に行ってくる」と。

本誌　決意は揺るがなかった。

志保　この子は昔から一度こうだと決めたら聞かないんです。「あなたが決めたなら仕方がない」との思いで最後は送り出しました。

本誌　詩織さんはどんな思いで大阪に行くことを決めたのですか。

詩織　祖母が美容師で、母も着物をよく着ることもあって、着物関係の専門学校に行きたいなとずっと考えていたんですね。それで高知から近い大阪に着物の専門学校があるのを見つけて、「あ、行こう！」という感じで関西に出てきました。二〇一八年、十八歳の時です。

志保　でも、二か月くらい経《た》った六月頃、具合が悪くなって入院したよね。その後も年に一度は体調を崩し、入退院を繰り返してきました。まあ、それでも帰らんということで、現在に至るんです。

　ですから、お互いに用事がなくても毎日電話しています。

詩織　そう、毎日電話。あと母は月一回は大阪に来てくれます。

本誌　とはいえ、心臓の病気と向き合いながら、大阪で一人暮らししていくのには、いろいろと大変なことも多いのではないですか。

詩織　それまでは病気のこともあって、母がずっと私の傍《そば》にいてくれて、身の回りのことを全部やってくれていました。なので、最初は食事をつくるのも大変でしたし、一人で寝るのも怖かった。体調にもすごく注意していました。

　そんな私を母ももちろんそうですけれども、専門学校の先生や友達、アルバイト先の方々が本当に温かく支えてくれたんです。ちょっとしたことでも「大丈夫？」と気遣ってくれたり、体調を崩した時には、「玄関に置いておくから、これ食べとき」って食材などを届けてくれたり……。皆の支えがなければいまの生活はないです。

本誌　多くの人に支えられて。

詩織　私は、まさか二十歳まで生きられるとは思っていなくて、具体的にこうなりたいという夢を描けずにいました。けれども、多くの方に支えられる中で、最近はSNSなどを通じて自分の病気の経験を発信し、同じような立場にある人、悩んでいる人に生きるパワーを与えられる存在になれたらいいなと思うようになりました。

　お医者さんから長くは生きられないと言われた自分が、小児がんに負けず、心臓にICDを入れながらも、いまこうして元気に生きている。だから、皆さんも決して諦めずに頑張ってほしいって。

目の前のこと、できることに一所懸命生き抜いて、諦めなければ道はひらける、乗り越えられない試練はないことを多くの人に伝えていきたいです（詩織）

夢というほどではないですが、いまそんな思いでいます。

成人式で二十年目の親孝行

志保　私も同じ思いです。三年前に成人式を迎えることができたのですが、その日を迎えられるとは思ってもみませんでした。私にすれば、こうやっていま話ができていることも夢のようなんです。

それで成人式の前に、「着物はどうするの？」って聞いたら、詩織は私の着物を着たいって言うんです。しかも、その着物は柄一つない真っ黒なものでした。成人式に真っ黒の着物なんてとんでもないって反対したんですけれども、詩織はどうしても聞き入れない。

そして、成人式の後撮りを詩織の誕生日に行いましてね、幼稚園からお世話になった先生方にもお越しいただきました。二十歳になった着物姿の詩織を見て、私も先生方も大泣きでした……。

本誌　ああ、成長した詩織さんの姿を見て皆涙を流された。詩織さんは、どうしてお母様の黒の着物を着ようと思われたのですか。

詩織　周りの人と同じような着物は嫌だなと思ったことが一つ。でも、やっぱり母が大事にしている着物を着たい、母の着物を着て成人式を迎えることで、親孝行したいという気持ちがありました。

本誌　お母様もこんなに嬉しいことはなかったでしょう？

志保　今年の誕生日で、小児がんを宣告されてから、ちょうど二十年なんです。ですから、ようやくここまで来ることができた、もうそろそろ親の私があれこれする役割は終わったのかなと……。

大阪に出た時、詩織はインタビューを受けましてね。その取材してくださった方が、「詩織さんは『いままでは病気だから（〜できない）ってずっと言われてきた。でも、これからは病気だけど（〜できる）って言えるようにしたい』って話してくれました」と後から教えてくれました。それを聞いて、詩織も成長したなと胸に込み上げてくるものがありました。

でも、詩織に健康な体を与えてあげられなかった、こんな病気ばかりの辛い人生を送らせてしまった、親として代われ

るものなら代わってあげたいとの思いは、死ぬまでなくならないでしょうね。

三歳で突然のがん宣告

本誌　お二人の歩みをご存じない読者の方もいらっしゃいますので、改めて小児がんとの闘病についてお話しいただけますか。

志保　詩織が小児がんだと分かったのは二〇〇三年。幼稚園の健康診断で尿検査をしたら、「タンパクが下りている」と言われて、近くの病院で再検査を受けたのがきっかけでした。ただ、その時には問題がなくて、「一週間後にもう一度来てください」と、検査キットを渡されて自宅に帰ったんです。

　その後、幼稚園から帰ってきた詩織の紙パンツに赤い尿がついていたことがあったのですが、家族も「赤いジュースでも飲んだんじゃない?」という感じでした。

本誌　最初の頃はそれほど深刻に考えてはいなかったのですね。

志保　ところが、次第に血尿が出るようになり、さすがにおかしいと思って、検査キットを刺してみたところ、尿の中に血の塊《かたまり》がボコボコ出てきたんですよ。翌日、病院に行ったら、あれよあれよという間に検査、検査で帰れません。

　その段階でも、私はまだ酷《ひど》い腎炎《じんえん》かなくらいに考えていたのですが、病院の先生が「いや、そんな状況ではないです。片方の腎臓に大きな腫瘍《しゅよう》があるので、早急に手術しなければなりません」と。

　結局、詩織は手術日の朝から高熱を出して、「うちでは手術できません」ということで、急遽《きゅうきょ》、別の病院の先生を紹介されました。その方がいまも診《み》ていただいている主治医なのですが、そこで「腎臓のがん」だと言われたんです。

本誌　ああ、がんだと。その宣告をどう受け止められましたか。

志保　最初の病院ではそんなこと聞いていませんから、「え?」っていう感じでした。しかも、ウィルムス腫瘍という年間五十人ほど患者さんが出るがんですが、八十%は治っていますから、とにかく手術をしましょうと言います。で、手術をお願いしたんですけれども、術後一週間ほど経った頃に、現在は別れた当時の夫と共に先生から呼び出されましてね。年間五十人ほど患者さんが出る腎臓がんの中でも、特に二、三人しか発症しない悪性度の高い「腎悪性横紋筋肉腫《じんあくせいおうもんきんにくしゅ》様腫瘍《ようしゅよう》」で、進行も非常に早いと説明されたんです。

　先生に見せていただいた資料には、いくつかの病気の年次生存率が記されていました。例えば、白血病には三年後、五年後の生存率が記されてありましたが、詩織の病気にはそれがない。先生に質問すると、残念ながらこの病気で五年後に生きた子は一人もいないという返事が返ってきたんです。

本誌　五年後の生存率がゼロ%。

志保　もう血が逆流するような衝撃を受けました。そこから、私たちの闘病が始まったんですね。

我が子のためには何でもやる覚悟

志保　手術をした病院で抗がん剤治療を

しながら、私は詩織を何とかして助けたいとの一心で、東京の聖路加《せいるか》国際病院などあらゆる先生のもとを訪ね、いろんな学会にも参加しました。でも、ほとんどの先生から「悔いのない生活を送らせてあげてください」「治った前例はありません」と言われました。

本誌　それは辛いですね……。闘病する幼い詩織さんには、どのように寄り添っていかれましたか。

志保　親からすれば、明日にでも別れが来るかもしれないと思っていますから、この子の望むことは何でもさせてあげようと決めました。これはというおもちゃは毎日買ってあげましたし、病院でアンパンマンのバイクに乗せたり、ウエディングドレスを着せたり……。そんな中、救いだったのは詩織が治療中でも明るかったことです。

　抗がん剤で髪の毛が抜けた時も、本人は抜けた髪を掴《つか》んでは飛ばしながらはしゃいでいました。もし詩織が辛い、苦しいと泣いてばかりいたら、私も耐えられなかったでしょう。やっぱり、小さい頃から根性のある子なんです。最初は詩織の寝顔を見ては、泣いてばかりいたのですが、「詩織がこんなに辛い治療を受け入れているのに、私たちが泣いている場合じゃない」と思うようになりました。

本誌　詩織さんの明るさが心の支えになったのですね。詩織さんは当時のことは覚えていますか。

詩織　三～五歳のことなので、ほとんど記憶にないんです。ただ、「ディズニーランドに寄るから、これ一緒に行かない？」って、医療関係の学会に連れて行かれたことは何となく覚えています。

志保　まあ、そうして抗がん剤治療を続けて、入院生活は二年余り続きました。そしていよいよ退院するとなった前日、CTを撮ったのですが、右肺に影がある、転移している可能性が強いということで退院は延期になったんです。

本誌　ああ、退院を目前に。

志保　転移の可能性があると言われたのが、ちょうどこの春の季節でした。ですから、この季節がやって来ると、その時のことを思い出していまも嫌な気持ちになります。トラウマというのは、何年経っても消えないんですね……。

　それで「転移していたらどうしよう」って、またいろんな病院を走り回りました。最初に診てくださった主治医は香川県の大学病院に移っていたのですが、やっぱりその先生が安心だということになり、香川で手術を受けました。すると、実際

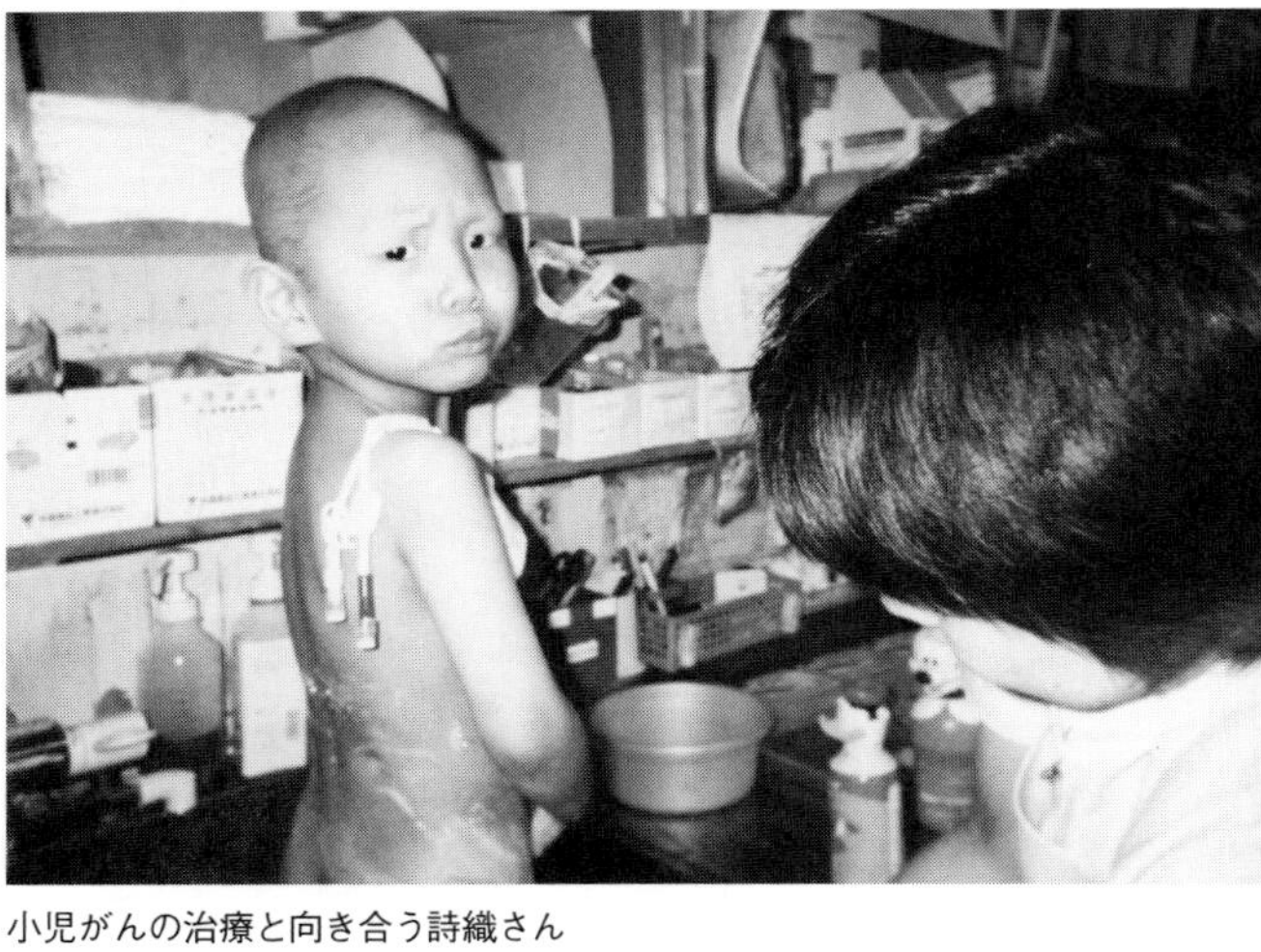

小児がんの治療と向き合う詩織さん

「詩織がこんなに辛い治療を受け入れているのに、私たちが泣いている場合じゃない」と思うようになりました（志保）

は転移ではなく、抗がん剤治療によって誘発された結核だということが分かりました。

本誌　それはひと安心ですね。

志保　しかし、それから「転移」「再発」ということを意識するようになりまして、セカンドオピニオンで聖路加国際病院に足を運んだところ、アメリカで最新の治療薬ができたことを教えていただいたんですね。再発はしていないけれども、新薬を試してみたいという思いが湧き上がってきました。今回は結核だったとはいえ、いつどうなるか分からない、何もせずに再発を待つのは嫌だったんです。

闘病を経て小学校に進学

本誌　詩織さんのため、親としてやれることは何でもやろうと。

志保　ただ、高知に戻って主治医に「新薬を試してみたい」と相談してみると、「お母さん、娘さんを殺すつもりですか？　再発してもいないのにこの薬を使えば、再発した後に使う薬がなくなってしまいます」と猛反対されました。

それでも、何度も話し合いを重ねた末に、最後は「その代わり責任はとれませんよ」ということで理解してくださったんですね。

周りからは「あの人は医者の言うことを聞かない」と散々言われましたけれども、結果的には転移や再発はせず、詩織は五年を超えて生きることができたんです。

本誌　我が子を何としても助けたいとの思いが奇跡を起こした。

志保　新薬が効いたのか、何がよかったのか分かりません。でも悔いは残したくないとの思いでひたすら生きていたのは確かです。

苦しかったのは闘病だけではない

本誌　先ほど、詩織さんは闘病の頃の記憶はないとおっしゃいましたが、ご自身の病気のことを自覚したのはいつ頃になりますか。

詩織　小学生になる頃です。お腹に何か傷があるなって。あと、学校で皆は体育の時に走っているのに、自分だけ見学しなくてはいけなくて、「どうして私はできないのだろう、走れないのだろう」という思いがすごくありましたね。

志保　詩織は治療などの影響で体が弱っていますから、激しい運動は禁止でした。学校の先生とも話をして、感染症が流《は》行《や》った時は休ませたり、教室に消毒液を

よさこいが生きる目標になりましたし、私を支える大きな力になっていったんです（詩織）

置いてもらったりしていました。

詩織　でも一番辛かったのは、友達との関係でした。小学校の時に酷いいじめに遭って……。中学校でも集団でいじめられました。

　例えば、小学校で交換日記をするくらい仲のよい子がいたのですが、ちょっと喧《けん》嘩《か》した際に、「詩織ちゃんは、なんで病気で死なんかったの」って言われたんです。

本誌　それは酷い。

志保　それだけは親として絶対に言わないでほしかった言葉だったので、もう怒って学校に行きましてね。保護者にも集まっていただいて話し合いをしたんです。小学校を卒業する数か月前の出来事でしたけれども、いくら子どもでも言っていいことと悪いことがある。私は絶対に許せなくて、保護者にも会いたくなくて、結局それから学校は休ませ、卒業式にも行きませんでした。別途、校長室で卒業証書をもらって卒業したんです。

　闘病と違うところの苦労も本当にいろいろありました。いまも詩織は障害者手帳を持っているにも拘《かか》わらず、一部要件を満たしていないとのことで、障害年金はいただけないんですよ。小児がんの手術で片方の腎臓はない、心臓が悪いので普通の人のように働けない、無理すれば具合がすぐ悪くなる。でも日々の生活はあるし、専門学校の奨学金も返済しなくてはいけない。ある意味いまが一番しんどいかもしれません。

死んでもいいから「よさこい」を踊りたい

本誌　そのような中で、よさこいを始められたのは確か……。

志保　ええ、詩織が七歳になった時でした。高知ではよさこいが最も大きなお祭りですから、子どもたちは幼稚園や小学校などで大体一回は踊るんです。詩織も入院する前に幼稚園の「夕涼み会」で初めてよさこいを踊りました。入院中も「よさこいを踊りたい、踊りたい」とずっと言っていました。

　それで小学校入学後、五月五日の「こどもの日」に、高知で有名な「ほにや」というチームが子どもたちに動きが激しくない「正調よさこい」を踊らせてくれると聞きましてね。正調よさこいなら大丈夫だろうと、詩織を参加させたんです。すると、その数日後に詩織は「私もほに

よさこいを命いっぱいに踊る詩織さん

やのチームで踊りたい」と言い出しました。ただ、「ほにや」はお祭りで毎年賞を取り続けるようなチームで、普段はかなり激しい振り付けをやるんですね。

　主治医には激しい運動は禁止、学校の体育の授業も見学だと言われているのに、もし真夏の炎天下によさこいを踊ったりすれば、体調がどうなるか分かりません。

　私は思わず、「そんなことしたら、あんたは死ぬかもしれんで」と言ってしまいました。ところが、詩織は私の目をまっすぐ見返して「死んでも構《かま》ん、踊りたい」と。

本誌　ああ、七歳でそんな言葉を。

詩織　その時のことははっきり覚えていませんが、たぶんぽっと出た言葉だったのだと思います。

志保　詩織の意志の強さに改めて驚きました。そして、よさこいを踊らせずに死ぬよりも、踊らせて死んだほうが、この子には悔いが残らないだろうと思って「ほにや」に入会を頼みに行ったんです。

　で、「ほにや」の社長さんに、詩織の体調のことを説明し、「踊っている途中で倒れてもいいし、その場で死んでもいいから、とにかく踊らせてください」と伝えたら、「他の子と同じようにしなければいけませんよ」とおっしゃって、入会を受け入れてくれました。

本誌　特別扱いはしないと。

志保　最初は、「こんなハードなところでどうしよう」という感じだったのですが、よさこいを踊っている本人はこれまで見たこともない笑顔で、私は「これや！」「やらせてよかった」と思いました。

　もうね、ふらふらになりながらでも、点滴《てんてき》を打ちながらでも踊るんです。学校の体育も十分できないのに、よさこいだけは真夏の炎天下でも笑いながら踊れる。主治医には「いい加減にしたら？」と言われましたけれども、最後は「人間の生きる力はすごいね」って、びっくりされていました。

詩織　小学生の頃は、ただ楽しいという思いで踊っていました。けれども、中学生の頃からは、「次はチームの一列目で踊りたい」「一番うまくなりたい」という夢を持って頑張るようになりました。

　ですから、よさこいが生きる目標になりましたし、唯一、自分が「頑張った」と周りに胸を張って言えるものとして、私を支える大きな力になっていったんです。

本誌　夢、目標ができたことが日々の生きる力になったのですね。

志保　自分の存在を輝かせるといいますか、よさこいという踊り自体が前に前に進んでいく踊りなんですよ。また、「ほにや」は地元だけでなく、高知が終われば次は東京の明治神宮、三重の伊勢神宮のお祭りというように、全国に出かけて一年中踊るんです。これが私たちにとってすごくよかった。

　というのは、「次はあの演舞があるね」と目標ができますし、毎年行く先々で皆さんが「こんなに体は小さいのに頑張ってるね」「元気やった？」って詩織に声を掛けてくださるんです。特に伊勢神宮の関係団体の方々とは本当に仲良くなって、いまでも現地に行く時はすごくよくしてくださいます。

詩織　伊勢神宮にはよさこいがない時で

も、一年に一回は必ず訪れています。「今年も無事来ることができました。ありがとうございます」って手を合わせるんです。

志保　それまでは病院通いと学校を往復するだけの毎日で、詩織との会話の中心も病気のことが多かった。でも、よさこい、「ほにや」と出合ってからは、生きる目標の焦点が病気からよさこいへと変わり、出会いの幅が広がっていろんな方に支えていただきました。よさこい、支えていただいた方々には本当に感謝しかありません。

　実際、毎年、詩織の誕生日会にはお世話になった方を集めて、「ここまで生きたのは、あなただけの力じゃない。だから、常に感謝をしてこれからも生きてね」ってことはずーっと伝えてきました。

人間は乗り越えられる試練しか与えられない

本誌　闘病だけでなく、様々な人生の試練を乗り越えながら、今日まで歩んでこられたのですね。

詩織　子どもの頃から母には、「(病気の体に産んで）申し訳ない」っていつも言われていました。確かに「なんで自分が」と思い詰めたことは何度もあります。でも、特に二十歳を迎えた頃から、母のもとに生まれたから自分は病気になったんじゃないって自然に思えるようになりました。また、「人生の試練は乗り越えられる人にしか与えられないんだよ」ともよく言われていて、その母の言葉もすごく実感できるようになりました。

　いまは本当に病気の自分が可哀想《かわいそう》だとか、全然感じていないですし、母が教えてくれたように、たぶん私だからこそいろんな苦労や試練も乗り越え、ここまで歩んでこられたのだと思っています。

　ですから、母にはこの場を借りて「申し訳ないなんて思わなくていいよ」と伝えたいですし、これまでたくさんお世話になった分、次は自分が旅行などに連れて行ってあげたいなと考えています。

志保　試練は乗り越えられる人にしか与えられない。この言葉は最初に詩織が入院した時、一緒になった別の子のお母さんから教えていただきました。ある日、そのお母さんがふいに、「人間は意味なく生まれてきた人はいないよ。人には越えられる苦労しか与えられないんだよ」って言ったんです。

　そのお母さんの言葉を聞いた時に最初「え?」って思いましたけれども、いまは「ああ、そういうことなんやな」って、本当によく分かるようになりました。詩織の病気のことで普通の人ができない体験をたくさんしました。もし詩織が病気になっていなければ、私は他人に対してツンとした人間になっていたかも分かりません。

本誌　お互いに闘病や苦しい体験を通じて成長してこられたと。

志保　人間って我が子のためなら必死になれるんですよ。両親が年を取って病気になっても、寿命だからと受け止められますが、子どもが先に亡くなるかもしれないとなったら、そうはいきません。お医者さんからすれば、大勢のうちの一人であっても、親からすれば掛け替えのないたった一人の我が子なんです。

　それに詩織の姿から決して諦めないこ

詩織さんがプレゼントした着物を着る志保さん。母子の強い絆と愛が医学の常識を覆す奇跡を生んだ

詩織の姿から決して諦めないこと、後悔しないよう〝生き抜く〟大切さを学ばされました（志保）

と、後悔しないよう〝生き抜く〟大切さを学ばされました。

本誌　生きるではなく、生き抜く。

志保　ですから、いま世の中で辛い状況に置かれている方もたくさんいらっしゃると思いますが、とにかく日々を後悔しないように生き抜く、自分が本当に納得する日々を積み重ねる。その姿勢が人生をよりよいものにしていくというのが私のこれまでの実感です。

詩織　私もできることなら、自分の思うように生きたい、やりたいことに挑戦したい。でも数年に一回はＩＣＤの電池を取り替えないと生きていけませんし、全《まった》く健康な人と同じように生活するわけにはいきません。

　だからこそ、健康な人と私の一日の時間の重みは全く違うものですし、いまはあまり病気のことは考えないというか、いつ倒れたとしても、後悔のない生き方をしようと思っています。

　これからも目の前のこと、できることに一所懸命生き抜いて、諦めなければ道はひらける、乗り越えられない試練はないことを多くの人に伝えていきたいですね。

志保　きょうはぜひ見ていただきたいものがあって、持ってきました。大阪に出るまで家事はもちろん、裁縫なんて全くできなかった詩織が専門学校に通い、私のために着物を縫ってくれたんです。しかも寝ずに頑張って仕上げてくれた。その気持ちを思うと、私、感動で涙がボロボロ流れて……。

　詩織、こんな素敵な着物をありがとう。そして私のもとに生まれてきてくれて本当にありがとう。

　これまで辛い体験ばかりでしたから、この子は絶対幸せにならなくてはいけないんです。詩織の幸せな人生のために、これからも後悔しない毎日を歩んで行きたいと思います。

2

子どもと保護者の人生を幸せに導く家庭づくりの原則
～本質に気づく子育てレッスン～

子どもにいくら言っても勉強してくれない、だらしない生活を直してくれない……。

子育ての過程で一度は頭を悩ませる問題でしょう。

超難関校への合格者を多数輩出する進学塾で生徒支持率九十九％を維持し、
現在は教育関係者や保護者、そして企業まで幅広い対象に講演を行う木下晴弘さんはこう言います。

見つめ直すべきは親のあり方。弱さを見せながらでも真摯に人生に向き合う姿を見せることが一番だ――

自らも三人の子を育て上げた教育のプロによる子育て論。

木下晴弘

アビリティトレーニング代表

きのした・はるひろ――昭和40年大阪府生まれ。同志社大学卒業。銀行員を経て塾の専任講師となる。多数の教え子を灘高校をはじめ超難関校合格へと導き、保護者からも高い支持を得る。平成13年アビリティトレーニングを設立。全国の教育関係者を対象とした授業開発セミナーなどを行い、受講者は現在40万人を超える。著書は『ココロでわかれば、人は〝本気〟で走り出す！』（ごま書房新社）『できる子にする「賢母の力」』（ＰＨＰ研究所）など多数。

子どもを変えようとする前に変えるべき人がいる

「いくら言っても、子どもが勉強してくれない」「習い事に真剣に取り組んでくれない」「時間を守ってくれない」……。

こんな悩みをお持ちの保護者の皆さんはたくさんいらっしゃると思います。まず初めに質問です。いま、あなたは同僚と一緒に、重たい荷物を運ぶ仕事をしているとします。この時、次のどちらの上司に魅力を感じますか？

A 「頑張れ！ あっちへ運べ！」と、あなたに檄《げき》を飛ばし、方向を示す上司

B 方向を示しながら、自らも先頭に立ち、あなたとともに荷物を運ぶ上司

俗にAを「ボス」、Bを「リーダー」と呼びます。ボスが「おまえ、そうやれ」と声をかけるのに対し、リーダーは「私がそうしよう」と方向を示す。これが両者のやり方の違いです。両者は根本のあり方から違います。ボスが荷物を運んでもらおう、と「もらうこと」を考えているのに対し、リーダーは自分は何ができるか、と「与えること」を考えています。

現実に相手が行動を起こし、成果が出やすいのはどちらでしょうか。明らかにBの上司です。これを家庭でのご自身に置き換えて考えてみてください。「～してほしい」と言っているうちは、子どもの行動は変わらないどころか、逆に反発されてしまってはいないでしょうか。

人間社会には抗《あらが》いようのない〝自然の法則〟が働いています。中でも、子どもたちを含め、私たちの心を色濃く支配しているのが、与えられたものをそのまま返そうとする働き、心理学でいう「返報性の原理」です。

お子さんに勉強してほしいなら、子どもに向けた指を自分に向けて、あなたが学ぶ姿を見せ続けることです。読書してほしいなら、あなたが本を読む姿を見せ続けるのです。相手によって差は生じますが、その姿勢を貫けば、黙っていても問題は解決するはずです。これにはもう例外はありません。それが人間の性《さが》なのです。子どもを変えたいと願う前に、省みるべきは自分自身なのです。

でも、実際はこれがなかなかできない。往々にして子どもに変化を求めてしまいます。だから、私はこう訴えています。

●現象に惑わされず、本質を見抜こう
●願望ではなく、自然の法則に従おう

人間である以上、子どもの行動や成績が気にかかり、それを何とかしたいという願望が湧きます。けれども本質的に課題を解決したいなら、願望を離れて現実をあるがままに観る努力が必要になります。この二つを指針に、家庭で具体的にどう振る舞うことが大切なのか、私の実体験も交えてお話ししていきます。

幼少期の「存在承認」が岩盤となり人生の豊かさに直結する

親ならば誰しも、子どもに幸せになってほしいと願っているはずです。では、幸せとはどんな状態でしょうか？

お子さんが、使い切れないほどの富を蓄え、絶大な権力を手に入れたとします。そして大声で叫びました。

「さあ、私を愛せ！」

財宝や権力を目当てにすり寄ってくる

人はいるでしょう。しかしそこには人間的な輝きに対する敬意などは欠片《かけら》も存在しません。財宝や権力の消失と共に消える愛、これを「欲望」といいます。

幸せ＝成功（お金や地位を得ること）。そう思っている人がたくさんいます。もちろんそんな人生も素晴らしい。ただ、この評価軸では「他人から愛される人間としての輝き」は測定できません。

歴史的に見て「他人から愛された人」は経済的に豊かになります。なぜなら、どんな人でもお金は他人からもらうものであり、人間は嫌いな人にお金を払いたくない生き物だからです。「あなたになら喜んでお金を払いましょう」と言ってもらえる人がお金持ちになります。結局お子さんが富を手に入れ、豊かな人生を歩む確かな方法は「他者から愛される人に育てる」こと。そして他者から愛される人とは、「他を愛した人」なのです。

ここでまた一つ、覚えておいていただきたい自然の法則を挙げます。

「持っていないものは、与えられない」

他人に愛を提供できる人は、まず自分を愛せる人だけです。子どもの心に愛を溢《あふ》れさせるには、親が〈存在承認〉を与えることです。「生まれてきてくれてありがとう」「あなたが生きているだけで、お母さんは幸せだよ」と折に触れて伝えてあげることなのです。これは〈行動承認〉や〈成果承認〉とは違います。行動承認は「よく頑張ったね」と行動に対するもの、成果承認は「いい点を取って偉いね」と成果に対するものです。

赤ちゃんは這えば立ち、立てば勝手に歩こうとします。人間にとって本来成長は楽しいものなのです。これも自然の法則と言えるでしょう。ところがなぜか、勉強が楽しくないという子どもがたくさんいます。いつから成長を楽しめなくなったのでしょうか？

振り返ってください。我が子が生まれた時、目も開かないで泣いているのを見て「ああ、生まれてきてくれてありがとう」としみじみ感じたはずです。

ところが、いつの間にか成長よりも成功してほしいという願望が強くなり、子どもに「勉強しなさい」と行動を求めてしまう。さらには「いい成績を取りなさい」と成果を求めます。いつの間にか大切な存在承認を忘れ、いい点を取れば褒め、点数が悪ければ叱《しか》る。すると子どもの心には「勉強しなきゃ愛されない」「いい点を取らなきゃ愛されない」という認知が形成されます。結果、勉強が苦痛になっていくのです。

子育ての本質は至ってシンプルです。行動や成果の前にまず、存在の承認をしっかりしてあげましょう。これができれば、それが確固たる心の根っこ、岩盤になり、すくすく成長していくものです。

子どもの成長を促す存在承認の伝え方

するとこんな疑問が出てきます。「そうは言っても、悪いことをした時にはどう存在承認をすればいいの？」「勉強しない子どもに存在承認をするだけで大丈夫なの？」と。

そこで、このような場合に大切なポイントを二つ挙げておきます。例えば子どもが悪さをした時には、こう伝えてみて

お子さんが豊かな人生を歩む確かな方法は「他者から愛される人に育てる」こと

はいかがでしょうか。

「あなたが生まれてきてくれて感謝しているわ。生まれてくれて本当にありがとう。ところで、きょうあなたがやった行動は問題があるのよ」

　ポイントの一つ目は、いま例に出したように**人格と行動を分離する**ことです。子どもが保護者を困らせる行動を繰り返す時の多くは、あえてそれをすることで、それでも自分の存在が愛されているかを確かめようとしているのです。だからしっかり存在承認をした上で、行動の訂正を求めましょう。

　また、子どものテストの結果が悪かった場合は、

「そう、五十点だったのね。悲しい？　あなたが悲しんでいる姿を見るとお母さんも悲しくなるわ。でもね、テストの結果がどうであっても、あなたへの愛は変わらないわよ」

　と伝えてみてください。

　この二つのアプローチを続けた結果、やがて子どもはテストの結果を見せに来なくなりました。流石《さすが》に少し不安になり、先生に尋ねてみたところ、常に上位の成績と聞いてホッとしました。

　ポイントの二つ目は、こうして**人格と成果を分離する**ことです。ここでもやはり根っこの存在承認が先なのです。「存在承認→行動承認→成果承認」の順番を違えることはできません。建物が二階や三階から建つことはないのと同じです。

あらゆる家庭を支配する見えない規律を味方に

　ここまで、愛や存在承認の大切さを説いてきました。ただ、世の中を見渡すと、愛と甘さを混同し、崩壊している家庭が見受けられます。これを食い止めるキーワードが「規律」です。愛と規律のバランスこそ、よい家庭の条件なのです。

　この規律を「ノーム（norm）」といいます。これは暗黙のうちに了解されているルールのことです。

　会社も含め、あらゆる組織は、このノームによって動いています。「ここにゴミを捨ててはいけません」という看板の下にゴミが捨ててある状態を二、三回見過ごすと、「ここにゴミを捨ててもよい」ということが暗黙の了解になって、ゴミが放置されるようになる。あるいは学校で先生が「大きな声で挨拶しましょう」と言いながら、当の先生たちが大きな声で挨拶していなければ、生徒の間で「大きな声で挨拶なんてしなくていいんだ」というノームが生まれてしまいます。

　さらに恐ろしいことに、ノームは予期せぬところから芽生え、好ましくない否定的なノームほど劇的に早く成長するという性質があります。

子育ての本質は至ってシンプル。行動や成果の前にまず、存在の承認をしっかりしてあげましょう

ですから、リーダーは発する言葉に細心の注意を払う必要があります。例えば夕飯前、お菓子を食べている我が子に「晩ご飯が食べられなくなるからやめなさい」と言ったが聞く耳を持たず、結局晩ご飯が食べられなかった時、ついこのように言ってしまいます。「ほ〜ら、ごらん。もし今度同じことをやったら、もう二度とおやつあげないからね！」と。

　ならばもしまた同じことをやったなら、二度とおやつをあげてはいけません。万が一にもそれを破ったら、「親は脅《おど》しを言う」という否定的ノームが一気に芽を出し、それは瞬く間に成長を遂げ、「最後は私の要求が通る」というノームが出来上がります。これがあらゆる家庭崩壊の原因なのです。あなたが言葉にしたことはどんなことがあっても実行してください。できないのなら言わないことです。

緩いルールを設けつつ厳守すべき一線を引く

　このノームの性質を踏まえ、家庭でのルールづくりのポイントは大きく二つ。

一、子どもを含め全員が納得している

二、緩いルールを厳格に適用する

　子どもが必要性を理解できないまま「こうしなさい」と押しつけられた決まりを「掟《おきて》」といいます。掟で縛られた家庭では子どもの行動が歪《ゆが》みます。そうではなくて、保護者はもちろん、子どもから祖父母まで家族全員が「これは守って当然だよね！」と納得できるような緩いルールを、厳格に適用していくのです。

　おすすめはルールの中に警告（イエローカード）を何段階か設《もう》けることです。何度も警告を発して、最後の最後、越えてはならない一線を越えた時に、厳正に罰（レッドカード）を与えるのです。

　例を挙げましょう。私が勤めていた塾では、宿題を忘れた生徒に対し、四段階の警告を設けていました。インフルエンザのような疾病《しっぺい》や家族旅行など、やむを得ない理由がある場合は咎《とが》めません。ただし正当な理由がない、単にサボってきた場合は、一回、二回とカウントし、三回まで警告を発します。しかしそれでも、四度目に忘れてきた場合は即刻退塾でした。いかに成績がよい子でも、です。

　もちろん入塾時にその制度を説明し、納得いただけない場合には入塾をお断りしていました。もし成績がよいという理由で一人でも特例を認めれば、その瞬間に否定的ノームが芽生え、クラスは崩壊に向かいます。

　繰り返しますが、ルールは緩くてＯＫ。人間は弱い生き物であり、どこかでルールを破ってしまうからです。性善《せいぜん》説でも性悪《せいあく》説でもない、「性弱《せいじゃく》説」の考えに立

ちつつ、越えてはならない一線だけは厳しく守りましょう。

親御さんの質問でよくあるのが「その一線はどこに引いたらいいのでしょうか」というものです。そういうご家庭では次の三つをそこに設定しましょう。

一、時を守り
二、場を浄《きよ》め
三、礼を正す

『致知』でお馴染《なじ》みの哲学者・森信三さんが説いた「再建の三大原理」です。時間を守って行動しよう、身の回りを整理整頓《せいとん》しよう、相手に敬意を持って接しよう。誰もが当たり前と思うことばかりです。もちろん、これを守り通すには保護者にも相当な覚悟が必要です。しかしこここさえ押さえれば、子どもが道を大きく踏み外すことはないでしょう。

さて、ここまで述べた子育てを説けるようになるまでには、多くの教え子たちの〝犠牲〟があったこともお伝えしなければなりません。塾講師時代は、生徒の偏差値を少しでも上げることしか考えていませんでした。その結果、名だたる難関校から、トップレベルの大学に進んだ生徒の中にはいま、社会人になってから社会のルールを踏み外し、罪を償《つぐな》う立場にある教え子もいます。

高い学歴を持っているとよい就職先や賢い友人に恵まれやすいというある程度の「相関」は確かにある一方、学歴があれば幸せになれるという「因果」はありません。ここを見誤らないようにしていただきたいのです。

子育て、進路の選択や子どもの接し方で迷ったら、ここまでお話ししてきたように「自然の法則を味方につける」観点で考えるとミスが少なくなります。お伝えしたように自然は成功を促しませんが、成長は促してくれるものです。どうしたら成功するか（楽に生きられるか）ではなく、どうしたら成長するかを考えてほしい。それが私の切なる願いです。

もしもこれまでこういうことを知らずに子どもと接してきてしまったな、という方でも、お子さんの心に染みついたプログラムが書き換わるまで、本欄の内容を実行していただけたら嬉しいです。

母たちのQ&A

Q　仕事や家事で忙しくて、あまり愛情を持って子どもに構ってあげられていません。どうしたらよいでしょうか。

A　これはなかなか悩ましい問題です。まず、愛とは何かを考えてみましょう。私は塾に勤めていた頃から、愛を「相手の人生のために自分の命（時間）を削る行為と覚悟」と定義してきました。

子どもは何か疑問ができる度に「なぜ？」と訊《き》いてきます。「なぜ？」を繰り返すと、物事の本質に辿《たど》り着きます。その本質を親が考えていなければ答えられません。「なぜ雲は白いの？」「なぜ空は青いの？」と。忙しかったり疲れていたりすると「もう、うるさいなあ」と振り払ってしまいがちです。こうして愛のない状態が生まれます。無理もない話です。それを責めるつもりは全くありません。こう返してみてはどうでしょう。

「ごめんね○○ちゃん、お母さんもよく

知らないんだ。先生に聞いて、お母さんに教えてくれる?」

これには三つのメリットがあります。一つは、子どもが自分を否定されたと感じない点。二つは、先生に質問することで先生の教養が深まる点。三つは、お母さんに教えることで子どもの学習効果が高まり、知識が定着する点です。こういう反応ができる心の余裕が欲しいですね。

Q　幼少期の存在承認の大切さがよく分かりました。ただ、長男や長女の子育てで要領が掴《つか》めず、十分な存在承認を与えられないまま中学生くらいになってしまったら、もう取り返せないのでしょうか。それから、自分が親からあまり存在承認を受けなかったお母さんは、子どもに愛を与えてあげられないのでしょうか。

A　各家庭で様々な事情があるでしょうが、仮にお子さんがいま存在承認を得られなかった反動で、不登校や深刻な反抗期に陥《おちい》っているとしましょう。やはり、手法としてはいまからでも存在承認を与え続けるしかありません。

しかし、覚悟が必要です。掛け違えてきたボタンを正しく掛け直すには、既に留めてあるボタンを外し、そこまで戻らないといけません。きっと子どもの行動は一時的にもっと酷《ひど》くなるはずです。それまでされてこなかった存在承認を急にされたら、こう感じないでしょうか。

「はあ?　何言ってるの?　また学校に行かせたり（行動）いい会社に入らせよう（成果）として美辞麗句《びじれいく》を並べ立ててるんだろう。その言葉、本当かどうか試してあげる。逆のことをしてあげる」

これがいわゆる「好転反応」です。これを耐え忍ぶ覚悟が必要です。子育てのボタンを掛け直すことは、スマホのアプリをアンインストールしてインストールし直すような、お手軽で生易《なまやさ》しいものではありません。

ただし一つだけ、即効性があると感じている伝え方をお教えします。

「実はね、きょう、こういう（子どもの存在承認が大事だという）話を知ったんだ。お母さん、衝撃だった。そう、あなたが生きているだけで私は幸せ。どんなに成績が悪くてもいいの。でもそれを伝えてこなかった。不器用で本当にごめん」

まずはいままで存在承認してこなかったことを詫《わ》びてください。続けて、

「実は私も、親からあまりこれをされずに育ったから知らなかったの。許して。ここからやり直す権利をちょうだい。生まれてきてくれてありがとう。生きていてくれてありがとう。これから本当に改めていくからね」

と伝えます。こうなるともうお子さんはボロボロに泣いているはずです。すると好転反応をポン、と飛ばして存在承認ができ、一気に変わる可能性があります。

泣きながらでも真摯に
真剣に向き合っている姿を
お子さんに
見せてあげること、
それこそが一番の教育

けれども同時に、これをした時に絶対に気をつけなければいけない点が一つあります。もしも何かの弾《はず》みで存在承認を忘れて「勉強しなさい！」などと口走った日には、もう二度と子どもの心は帰ってきません。幼少期の存在承認は人生の岩盤と言いましたね。結局、本気で取り組む覚悟がなければやり直すことはできません。そこだけは腹を括《くく》ってください。

Q　最後に、いままさに子育てに奮闘している保護者へエールをお願いします。

A「ええ格好するな！」。これだけです。もし行き詰まりを感じているなら、その姿を家で子どもに曝《さら》け出しましょう。ワンオペ育児に疲れ果てたら、ママ友に愚《ぐ》痴《ち》を吐き出したっていいんです。

私がいた塾で一番人気があった講師は、自分の未熟さに泣きながら、授業のスキルを上げようとがむしゃらにやっている講師でした。私も初めは取り繕《つくろ》っていましたが、ある時、疲れてやめました。生徒の質問に答えられなければ「ごめん！先生も勉強不足で分からん。必ず次の授業までにここ説明できるようにしてくるから待ってくれるか？」と謝って、家で必死に勉強し、質問を超えて「他にもこんなことが分かったぞ！皆の質問で僕はここまで成長できた。ありがとう」と伝える。教室中から拍手が沸《わ》き起こりました。彼らは僕を信頼してくれました。

我が子たちも、家でああでもない、こうでもないと頭を捻《ひね》る私を見て育ってくれたはずです。皆さんはスーパーマンを演じる必要はありません。肩肘《かたひじ》張らずに、弱い自分を見せ続けてください。生きることはいいことばかりじゃない。それでも、泣きながらでも真摯《しんし》に真剣に向き合っている姿をお子さんに見せてあげること、それこそが一番の教育なんです。

まとめ

子育てを豊かにする 2つの視点

現象に惑わされず、本質を見抜こう

願望ではなく、自然の法則に従おう

自己肯定感を高める 〈存在承認〉の伝え方

1、人格と行動を分離して伝える
（例：問題行動があった時）
「生まれてくれて本当にありがとう。
ところで、きょうあなたがやった行動は
問題があるのよ」

2、人格と成果を分離して伝える
（例：テストの点が悪かった時）
「そう、50点だったのね。悲しい？
でもね、テストの結果がどうであっても、
あなたへの愛は変わらないわよ」

子どもが真っすぐ育つ 家庭ルールの原則

1、子どもを含め全員が納得している

2、緩いルールを厳格に適用する

子どもの進路や 接し方に迷ったら

・自然の法則が味方するのはどちらか？

・どうしたら成功するか（楽に生きられるか）ではなく、どうしたら成長するかを考える

――子育ての本質はシンプル！

コラム ②

教室中の親子が涙した最後の授業

大畑誠也
おおはた・せいや
九州ルーテル学院大学客員教授

私が考える教育の究極の目的は「親に感謝、親を大切にする」です。高校生の多くはいままで自分一人の力で生きてきたように思っている。親が苦労して育ててくれたことを知らないんです。

　これは熊本県の天草《あまくさ》東高校時代から継続して行ったことですが、このことを教えるのに一番相応《ふさわ》しい機会として、卒業式の日を選びました。式の後、三年生と保護者を全員視聴覚室に集めて、私が最後の授業をするんです。

　そのためにはまず形から整えなくちゃいかんということで、後ろに立っている保護者を生徒の席に座らせ、生徒をその横に正座させる。そして全員に目を瞑《つぶ》らせてからこう話を切り出します。

「いままで、お父さん、お母さんにいろんなことをしてもらったり、心配をかけたりしただろう。それを思い出してみろ。交通事故に遭《あ》って入院した者もいれば、親子喧嘩《げんか》をしたり、こんな飯は食えんとお母さんの弁当に文句を言った者もおる……」。そういう話をしているうちに涙を流す者が出てきます。

「おまえたちを高校へ行かせるために、ご両親は一所懸命働いて、その金ばたくさん使いなさったぞ。そういうことを考えたことがあったか。学校の先生にお世話になりましたと言う前に、まず親に感謝しろ」

　そして「心の底から親に迷惑を掛けた、苦労を掛けたと思う者は、いま、お父さんお母さんが隣におられるから、その手ば握ってみろ」と言うわけです。

　すると一人、二人と繋《つな》いでいって、最後には全員が手を繋ぐ。私はそれを確認した上で、こう声を張り上げます。

「その手がねぇ！　十八年間おまえたちを育ててきた手だ。分かるか。……親の手をね、これまで握ったことがあったか？　おまえたちが生まれた頃は、柔らかい手をしておられた。いま、ゴツゴツとした手をしておられるのは、おまえたちを育てるために大変な苦労をしてこられたからたい。それを忘れるな」

　その上でさらに「十八年間振り返って、親に本当にすまんかった、心から感謝すると思う者は、いま一度強く手を握れ」と言うと、あちこちから嗚咽《おえつ》が聞こえてくる。

　私は「よし、目を開けろ。分かったや？　私が教えたかったのはここたい。親に感謝、親を大切にする授業、終わり」と言って部屋を出ていく。振り返ると親と子が抱き合って涙を流しているんです。

［第三章］

子どもたちの人間力を育てる

子どもを伸ばす母親はどこが違うのか

約半世紀、家庭教師一筋に歩まれてきた松永暢史氏は、落ちこぼれと呼ばれる子どもたちの学力を劇的に伸ばし、高レベルの志望校に合格させる〝受験のプロ〟として知られています。松永メソッドという独自の教育法を編み出してきた松永氏に、子どもを伸ばす秘訣や母親としての心構えなどについてお話しいただきました。

松永暢史

ブイネット教育相談事務所主宰

まつなが・のぶふみ——昭和32年東京都生まれ。慶應義塾大学文学部哲学科卒。教育環境設定コンサルタント。受験のプロとして音読法、作文法、サイコロ学習法、短期英語学習法などのメソッドを開発。著書に30万部のベストセラーになった『男の子を伸ばす母親は、ここが違う！』（扶桑社）の他、『将来の学力は10歳までの「読書量」で決まる！』（すばる舎）など多数。最新刊に『カタカムナ音読法』（ワニ・プラス）『日本の教育　ここがヘンタイ！』（ワニブックス）。

集団に馴染めない私が〝受験のプロ〟に

気がつくと家庭教師になって四十八年の歳月が流れました。家庭教師一筋というと聞こえがいいかもしれませんが、子どもの頃からあまり集団生活に馴染《なじ》めず、どこかの組織に就職しないまま家庭教師だけをやってきた、というのが正直なところです。ありがたいことに、いわゆる落ちこぼれの子どもたちの学力を劇的に伸ばし高レベルの志望校に次々に合格させるといった実績が全国に広く知られるようになり、〝受験のプロ〟という呼称までいただくようになりました。

もともと、私は教室で静かに先生の話を聞きながらノートを取るということが苦手な子どもでした。授業中、一人で考え事ばかりしていて先生の話が全《まった》く頭に入ってこないのです。ところが、中学三年の時、偶然知り合った市井《しせい》の塾の指導者であった故・富澤進平氏に師事し、飛躍的に成績が伸びるという体験をしました。「一対多」には馴染めないけれども「一対一」では集中して学べるという、自分の特質に気づいたのはその頃です。家庭教師に向いている理由も、その辺りにあるのかもしれません。

最初に家庭教師をしたのは大学浪人一年目の時でした。でも、まだこの頃は失敗の連続。子どもとの関わり方もよく分からないし、「あのお兄さん、怖い」と言って子どもが逃げてしまったこともありました。しかし一方、試行錯誤するうちに、「あのお兄さんに習うと勉強ができるようになる」という評判が立って、大学進学後もこのバイトを続けていました。加えて、その頃はせっかく浪人までして勉強したのに、大学の教養課程の講義のつまらなさに辟易《へきえき》している状態でした。

ある日、鬱々《うつうつ》としていた私に友人が声を掛けてきました。

「いつまでも受験勉強というやつに騙《だま》されたことを愚痴《ぐち》るのはやめて、その憂《う》さ晴らしと修学旅行を兼ねて外国旅行でもしてみないか。実はインドのムンバイからシルクロードを経てフランスのパリまで車で旅をする計画があるんだ」

私はこのいささか無鉄砲で壮大なユーラシア大陸横断旅行計画にすぐに乗りました。そしてその資金集めのために家庭教師のバイトに本格的に打ち込み始めました。こうして、三人の男の旅が実現したのです。私はまだ二十一歳でした。

命知らずの旅が教えてくれたこと

ところが、飛行機でムンバイに向かい、横浜港から船便で送っていたワゴン車を降ろそうとすると、ワイパーから何から車外に取りつけられた装置や部品はすべて盗まれているのです。「どうしたらいいのか」と途方に暮れている私たちに、一人のインド人が「明日、市場に行ったら売っているよ」と教えてくれました(笑)。仕方なく知り合いの日本人の商社マンの家に二週間ほど転がり込んで車を整備し、そこからが実質的な旅のスタートとなりました。

ハプニングはそれだけではありません。夢にまで見たタージ・マハルをこの目で拝もうと時速百キロを超える高速走行をしていた時、私はウインドウォッシャーに気を取られて道路脇の灌木《かんぼく》に衝突させ、車を湿地に落下させるという大失態を演じてしまったのです。奇跡的に三人とも無事だったものの、車は大破し、積んであった旅行用品は一面に放り出されて水浸しに。通りがかりのトラックを呼び止め身振り手振りの英語で話しかけ、苦心惨憺《さんたん》・絶望ののち、何とかワゴン車をニューデリーまで運んでもらい修理に出せるようになったのです。

事故直後、私たちは上から下まで泥まみれ。友人たちの心中を思うと、死んでしまいたいくらいの衝動に駆られました。しかし、彼らは逆に私を励ましてくれ、一か月以上、ニューデリーの安宿に泊まりながら、修理を待つことにしたのです。

また、アフガンでは北回りの旧ソ連国境周辺で命の危機に直面するような行軍を毎日続けました。そこは一面の砂漠で、朝から晩まで走っても走行距離は僅《わず》かに九十キロ。灼熱《しゃくねつ》の太陽が照りつける中、車を降りては押して、また走るという体力の限界を味わいました。ようやくアフガンを抜けてイランに入ると、今度は革命騒ぎです。夜になると私たちの泊まるキャンプサイトの傍《そば》でバンバンと銃声が鳴り響き、仲間の一人が危うく撃たれそうになったこともありました。

七月に出発し、目的地のパリに到着したのは十一月。ヨーロッパに入るまで誰とも連絡を取っていなかったこともあって、日本では三人は死亡したという話になっていました。十一月下旬に成田に降り立った時は半袖姿でほとんど荷物もなし。やっとこさ日本にたどり着いた復員兵士のような気分を味わったものです。

この命知らずの無謀な旅が、私にかつてないほどの貴重な体験を与えてくれたことは言うまでもありません。多くの困難を超えることにより、タフな人間になれたと自分でも思います。「体験こそがすべてである」という、いまに続く教育哲学を得たのもこの旅によってです。

もう一つ、この旅の経験は思わぬ副産物をもたらしました。私の体験談に子どもたちが皆、目を丸くして聞き入ってくれたことです。当時、私は入試問題の徹底した研究によって出題の傾向パターンを掴《つか》み、周囲が驚くような合格実績を出せるようになっていましたが、合格の秘術に加えて誰も味わったことのない体験談が聞けるわけですから、たちまち人気の家庭教師になったのです。でもこの時は、まさかこのバイトがいまに至る「天職」になるとは思いもよりませんでした。

日本語の了解能力が学力を決める

家庭教師としての評判は高まる一方でしたが、そうなると増えてきたのが子どもの学力不振に困っているご家庭からの相談でした。勉強ができる子と、そうでない子の差はどこにあるのだろうか。多くの本や家庭教師の経験をもとに考え続けてきて分かったのは、その差が「日本語の了解能力」にあるということでした。

国語の読解問題に限らず、数学の応用問題でも、日本語で書かれた説明や問題をきちんと理解できることは大前提です。授業もテキストも試験も試問もすべて日本語で行われます。だから、つまり、こ

一音一音切りながら発音して音読
© 音読道場・サイコロ道場公式サイトより

の国で勉強して優秀になることとは、日本語の了解能力に優れることに他ならないということが分かったのです。

考えてみれば、大学というところは、専門家が話す論説文を正しく理解し、彼らの提示するテキストを読みこなし、自分の考えを文章化することが前提の高等教育機関であるはずです。しかし、それが十八歳時点できちんとできるという学生はおそらく全体の十％にも満たないことでしょう。だから、逆にそれさえできれば、AOや推薦入試で入学することが可能となるわけです。

勉強ができること＝日本語の了解能力だとすれば、国語力を高めることが欠かせません。ところが、国語力を伸ばせる家庭教師がいるかというと、ほとんどいないのです。もちろん、漢字の書き取りをさせたり、文法を理解させたりして成績を伸ばす人は多くいますが、それで本質的に国語力が身についているかというと、そうではありません。

私にそのことに気づかせてくれたのは、約二十年前に出会った一人の男子中学生でした。その子の成績はクラスで下から二番目。東大出の家庭教師が六人匙《さじ》を投げたというほど伸び悩んでいました。私は彼の趣味のプラモデルの話から少しずつ心を開かせ、教科書を開いて読んでもらうことにしましたが、平仮名さえ満足に読むことができません。文章を意味が通るように連続的に読む力がないのです。

ある日訪問すると、彼はいたく塞《ふさ》ぎ込んでいました。普通の文章でも満足に読めないのに、家で『徒然草《つれづれぐさ》』を読んでくるように先生に言われたというのです。

私は「現代文が読めないなら、古文も一緒だろ」と言って、試しに一音一音、文章を切って読ませることにしました。

「つ・れ・づ・れ・な・る・ま・ま・に・ひ・ぐ・ら・し・す・ず・り・に・む・か・い・て……」

これは私の思いつきにすぎませんでしたが、驚いたことに数日間続けるうちに、彼に変化が訪れました。『徒然草』の冒頭部分を淀《よど》みなく読めるようになって学校で褒められたというのです。しばらくして現代文を読ませてみると、何とか意味の通じる文章として読めるようになっていました。

さらに驚いたのは、『徒然草』の音読の継続が、学力を著《いちじる》しく伸ばしたことです。国語以外の教科にも劇的な変化が見られました。結果的に彼は高校卒業時には難関私立大学工学部に合格し、中学時代のクラスメイトをアッと言わせました。

幼い子には言葉のリズムを聞かせてあげる

古典を一音一音切って読むことでなぜ学力が伸びるのか。当時はその理由が全

勉強ができる子と、そうでない子の差は「日本語の了解能力」にあります

く分かりませんでした。しかし、考えてみたら江戸時代の藩校では素読《そどく》が教育の中心であり、そこでは文章を一音一音切って読ませることもあったはずです。特に人生訓が学べる『徒然草』は、初読者向けに藩校、寺子屋のどこでも用いられる共通のテキストでした。

『徒然草』の作者・吉田兼好法師《けんこうほうし》について調べるうちに、興味深いことが分かってきました。兼好は神社系の一族の出身でありながら、後に出家して僧侶になった人物です。その上で当時著名な歌人でもありました。彼は祝詞《のりと》や仏典、さらに『枕草子』『源氏物語』などあらゆる平安時代の古典を読みこなしており、『徒然草』の文体にはこれらの典籍《てんせき》のリズム（音）がすべて入っていたのです。

そして、江戸期以降、文章を生業《なりわい》とする人で『徒然草』のリズムが入っていない人はいません。明治以降は今日に至るまで教科書に採用されてきました。つまり、『徒然草』は、平安・鎌倉の日本語の音とリズムを江戸時代を越えて現在にまで繋《つな》いでいるものといえるのです。

先人たちの文章には日本語の意味伝達のあるリズムがあり、国語力を高める秘《ひ》訣《けつ》はそのリズムを掴むことにある。私はそのことに気づきました。実際、『徒然草』より前、平安時代の『古今和歌集』の和歌を一音一音切りながら歌うように音読すると『源氏物語』『枕草子』の意味が通じやすくなり、『徒然草』はもっと読みやすくなります。一人の中学生との出会いによって、私は誰も気がつかなかった国語力向上の秘訣を発見することができました。

国語力を身につける上で大切なのは、何よりも音読と読み聞かせです。文法や漢字の書き取りでは生き物である言葉の本質を習得できません。

この本を読まれている方の中には、幼いお子さんに絵本を読み聞かせているという方も多いことでしょう。絵本そのものが情操教育に大きな役割を果たすことは確かですが、特にリズム（音）を聞かせてあげることに意識を向けていただきたいと思います。絵本の一文字一文字を子どもの体内に注入させるように読むと、落ち着きのない子が集中して聞くようになったり、「は」と「が」の微妙な違いを無意識的に体得できるようになったりします。この「一音一音ハッキリ読み」をぜひ試してみてください。

幼稚園、保育園生には紙芝居に親しませるのがいいでしょう。紙芝居は後ろのほうまでよく聞こえるように、一音一音を意識して書かれています。テレビでお馴染みの人気予備校講師・林修さんは幼稚園の帰りに祖父母の家で繰り返し音読実演した「みにくいアヒルの子」の紙芝

居がご自身の学力のベースになったと話されています。紙芝居を通してよい音を入れることが、日本語了解能力を高めることに繋がるのは確かです。

数学の成績を伸ばす子はどこが違うのか

家庭教師である私の国語力に対する関心は自ずと数学にも向き始めました。高レベルの都立高校に進んだ優秀な生徒がやがて数学に躓《つまず》き落ちこぼれていく現状を見ながら、数学ができる子とできない子の差はどこにあるのか、と考えを巡らすようになったのです。

多くの指導経験を通して、算数や数学が得意な子は暗算力が高いことを知りました。そして、もう一つ、パズルが好きな子が好成績を残しているという意外な傾向も見えてきました。パズルと数学の学力に本当に相関関係があるのかと疑問に思う方もいらっしゃるでしょう。その答えはひと言でいえば、「試行錯誤する習慣が身についていること」です。気持ちを集中させ一つひとつのピースとにらめっこをしながら何時間も掛けて、パズルを完成させていく過程で、いつしか数学を解く学力が育まれていくのです。

しかし、多くのお母さんたちはそうしたことを知らないばかりか、試行錯誤しながらパズルと格闘する子どもを黙って見守ってあげることができません。途中で口出しをしたり、手伝ったり、時には「そんなことばかりしないで早くご飯を食べなさい」と怒り出したりして、せっかくの貴重な時間を止めてしまいます。これは実にもったいないことです。子どもたちよりもお母さんの力が勝っているわけですから、干渉したくなる気持ちは分かりますが、そこは気持ちを制御して、長い目で成長を見守ってあげるだけの忍耐力がお母さん方には求められます。

ちなみに暗算力を伸ばすことに関して、私は独自のノウハウを確立しました。十面体二十面体の数字が書かれた複数のサイコロを転がして、出た数字を掛け算するのです。例えば、12×17×18という数字が出たとしましょう。大人でもすぐに答えられる人はまずいません。ところが、

松永氏が開発したサイコロ学習法
© 音読道場・サイコロ道場公式サイトより

私が指導する子どもたちは小学校高学年となると頭の中で数字を組み立て、三十秒以内に答えを出します（12×17×18＝36×102＝3672）。ドリル学習が苦手な子でも、楽しむ中で簡単にできるようになりますから、別に驚く話ではありません。でもこの数値をイメージする力が後の数学力伸長の基となるのです。

頭の中で数字を動かす訓練は、特にビジネス社会で求められます。交渉をする中で、取引額や原価がいくらで、どれだけの利益が出るかを電卓に頼らずにサッサッと計算できる力がある人とない人とでは、営業成績にも自ずと差が出てくることは言うまでもないでしょう。

スマホ依存から抜け出す早道

ここでいま問題になっているスマホ依存についても、私の考えや取り組みに少し触れておくことにします。

いまから約三十年前、コンピュータが日本中に普及し始めた頃からゲーム依存という言葉を聞くようになりました。私が教えた子どもにも、言ったことをすぐに忘れる、約束の時間に遅刻してやってくるというケースが増え始め、そのうちにその子の顔を見ただけでゲーム依存かどうかが分かるようになりました。情報量の多いものと接すると、勉強など他の大切なものとの差が分からなくなってしまうのです。

いまのスマホ依存はその延長線上にあり、東北大学の川島隆太教授などは脳や学習に対する悪影響を繰り返し伝え警鐘《けいしょう》を鳴らされていますが、私も大いに共感する部分があります。

さてもう二十年も前の話になりますが、千葉県の農園で仲間と焚《た》き火をやっていたところ、そこに若い男性がよろめきながらやってきました。髭《ひげ》ぼうぼうで顔色悪く、髪はぼさぼさでサンダル履き。「火に当たらせてください」と言うので「どうぞどうぞ」と迎え入れました。しばらくは何か「ウォー！」とか体をネジくらせて唸《うな》り声を上げていましたが、みるみる顔色がよくなっていくのです。

聞いてみたら、男性はコンピュータエンジニアで、ホームページをつくるのにこの二週間、毎日十八時間、画面と向き合ってきたと言います。半ば鬱《うつ》状態になり外に出たところ、焚き火の煙が見えたので引かれるようにやってきたのでした。元気を取り戻した男性はこう言いました。

「焚き火の炎にはコンピュータをやった時に出る電磁波を相殺《そうさい》してくれる働きがあると思う」

このひと言にピンときた私はすぐに千葉の農家に話をつけて子どもたちを集め、焚き火学習を始めました。その効果はてきめんでした。ゲーム依存の子どもたちの表情がたちまち明るくなり、「最高です！」と口々に言いました。ゲームに浸《ひた》る時と真逆のアタマの状態を知った子どもたちは、ゲームに距離を置くことを覚え始めます。

私の焚き火教育に共感した前田大介氏が東京・奥多摩の古民家を借りて始めた囲炉裏《いろり》教育も、いまではすっかり定着してきました。大切なのは子どもたちに自然の息吹を体験させることです。焚き火教育、囲炉裏教育に限らず、サーフィンでも川遊びでもいいと思います。特に都会生活の子どもたちにとっては、豊かな自然環境に身を浸すことがスマホ依存から抜け出す一番の早道だと思います。

才能の芽が出る瞬間を見つめ続ける

私が約半世紀にわたる家庭教師としての経験をもとに、お母さん方に子育てのアドバイスができるとしたら、それぞれ子どもによって才能の芽が出る時期が違うことを認識し、その瞬間をじっと観察していただきたい、そして芽が出始めたら必要以上に手を出さないでいただきたいということです。

お絵描きや昆虫観察、スケート、野球、音楽……子どもたちの関心は様々です。例えば、ある時から子どもがダジャレばかり言い始めたとします。それを見て、「何をくだらないことばかり言っているの」と叱《しか》って黙らせてしまえば、そこまで。むしろ「それ、面白いね。楽しいね」とポジティブに受け止めてあげれば、単語同士を関連づけて結びつく習慣がつき、国語力にも繋がっていくのです。

　子どもたちが才能の芽を出し始めたことは、表情を見ているとよく分かります。何かに集中している時、子どもたちのアタマの中にまるで小豆《あずき》が沸々と煮えているように、何かが沸き立ってきています。こういう時には何かしらその子なりによい表情をしています。それを理解できるのは母親だけです。必要な教材を揃《そろ》えてあげるのはそういう時のためです。そして、あとは静かに見守ることです。性急に答えや成果を求めてはいけません。すぐにはできないとしても試行錯誤を続ける中で、考え続ける習慣と集中力が身について、それがやがて学力にも結びついていくことを忘れないでください。続けてくれるだけでありがたいのです。

　私は、優れた芸術家の母親とはどのような人かを調べたことがあります。共通していたのは我が子にとても優しいことと、同じことをいつまでもやらせる忍耐力があるということでした。好きなことをやらせて、それを黙って見守ることができる母親がとても多かったのです。

　そのように考えていくと、我が子と周囲の子どもたちを比較して喜んだり、落ち込むことには全く意味がなく、むしろそういう発想はやめるべきだと思います。「皆に歩調を合わせなくてはいけない」「出る杭《くい》は打たれる」などと考えるのは日本人の習性ですが、世界が一つに繋がる社会では、そういう考え方は終焉《しゅうえん》を迎えました。日本人の大切な美徳だとしても、周囲に気を使ってばかりで、一人ひとり別々の素晴らしい個性を花開かせ充実した人生を送ることができないとしたら、何ともったいないことでしょうか。その子どもなりの最大限の成長と開花。それを心がけていただきたいと思います。

　多くの子どもたちと接してきて感じるのは、自分が賢くなったという実感を得るのは、成績がよくなること以上の喜びだということです。それは自分が持って生まれた素晴らしさが顕現《けんげん》することと無関係ではありません。それを見守り、必要に応じて手を差し伸べてあげることはお母さんの大きな役割だと思っています。

それぞれ子どもによって
才能の芽が出る時期が違うことを認識し、
その瞬間をじっと観察していただきたい、
そして芽が出始めたら必要以上に手を出さないでいただきたい

※音読については「一般社団法人音読道場連盟」、サイコロなど教材に関しては「EDORG オンラインストア」のホームページをご参照ください。

子どもたちの心の声を聴くために
～愛されて生きるということ～

**子どもたちに幸せな人生を過ごしてほしい――
それはどの親も共通の願いでしょう。
長年小学校教師として子どもたちと向き合い、
また自身も三人の娘の子育てに奔走してきた香葉村真由美さんに、
子どもたちの本当の声を汲み取り、育むヒントを伺います。**

香葉村真由美

教育アドバイザー／元小学校教師

かばむら・まゆみ――福岡県生まれ。平成5年から25年間、福岡市内で小学校教師を務める。平成20年から講演活動を始め、これまでに全国で８００か所以上、約8万人以上に子どもたちの真実の物語を伝え続けている。30年に教員を退職後は、講演家、作家、教育アドバイザーとして活躍。著書に『子どもたちの光るこえ』（センジュ出版）がある。

母親の最後の言葉と無尽蔵の愛

「まみちゃん（私のあだ名）は大きくなったら何になりたいの？」
「先生になりたい」

私が十三歳の時、がんで入院していた母に問われて咄嗟《とっさ》に出た答えが〝先生〟でした。この時自然とこぼれ出した夢がすべてのスタートとなりました。

母はにっこり笑って、「それならいつも笑っている先生にならないとね」と言い残し、その翌日、三十五歳で静かに息を引き取りました。これが母が私にかけてくれた最後の言葉となったのです。それ以降、母との約束を守ることが母の生きた証《あかし》に繋《つな》がると信じ、先生という道だけをひたすらに歩んできました。

私は母とは十三年間しか一緒に過ごすことができませんでした。しかし、その短い間でも、母は私に人生でとても大切なことを身を以《もっ》て教えてくれていたのだとひしひしと感じています。

母はとても料理上手で、中学生になったら毎日お弁当を持たせてくれ、友達の間では「まみちゃんのお弁当はいつも豪華」と話題になっていました。がんが見つかってからもお弁当はつくり続けてくれましたが、だんだん、だんだん品数が減っていく。ある日お弁当箱を開けると、ご飯と卵焼きだけでした。それを見た時、あぁ、母の命はもう短いのだと悟りました。母は最後のお弁当のおかずとして、私の大好物だった卵焼きを選んでくれたのです。その最後のお弁当には、いままでの豪華なお弁当と同じくらい、たくさんの愛情が込められており、私はこの卵焼きの味を絶対に忘れてはいけないと、泣きながら食べました。そしてそれが、本当に最後のお弁当となりました。

母は最期の瞬間まで、本当に大切な人を大切にするとはどういうことかを教えてくれていたのです。これが私の教師生活の、そして我が子を育てる上での根本となりました。

地元福岡市内で教師として務めた二十五年間は、涙あり笑いあり、本当に様々な出逢いに溢《あふ》れた貴重な時間でした。悩み苦しんだ過去はすべていまに繋がっていて、宝物として私の心に燦然《さんぜん》と輝き続けているのです。私自身が三人の娘の母として、小学校教師として子どもたちから教えられた人生で大切なことを、いま子育て真っ最中の親御さんにお届けすることで、何かお役に立てればと願います。

教師としてのあり方を教えてくれたさやか

二十二歳で念願の教師になり、最初に担任として受け持ったのがさやかでした。さやかはとても明るく活発な子で、私に似て正義感が強く、卒業後も私を慕《した》ってずっと連絡を取り続けてくれていました。

そんなある日突然、数年ぶりにさやかが私が勤めていた福岡の学校にふらっとやってきました。さやかは二十三歳になり、大阪に働きに出ていたはずですが、別人のように痩《や》せ細り、手首にはいくつものリストカットの痕《あと》がありました。

二人で喫茶店に行くと、さやかはぽつりぽつりと自分のことについて話し始めました。大阪に出て一所懸命働いたこと。

大好きな人ができて赤ちゃんが宿って嬉しかったこと。でも彼に伝えると彼はいなくなり、福岡に戻ってきても周りから反対されて赤ちゃんを堕《お》ろしたこと……。彼女は赤ちゃんを死なせてしまったことを許せず自分を責め続け、リストカットや大量の睡眠薬を飲んで自殺未遂を繰り返すようになったというのです。

　私は大好きだったさやかが悲しい人生を歩んでいることを知りショックを受けました。そしてその腕の傷を見ながら、こう伝えるので精いっぱいでした。

「命は一つしかないんだよ。頑張るんだよ、さやか」

　それから二～三日して届いた便りが、彼女の死を告げるものでした。さやかは自宅からちょっとしか離れていないネットカフェで、誰にも何も告げずに大量の薬を飲んで一人で亡くなっていきました。私は驚き、すぐさま彼女の家に走りました。そして家で私を待っていたのが、さやかのお母さんでした。

「さやかになんて言ったんですか。何を話したんですか。さやかが最後に会った大人は、先生だったんですよ！」

　責め立てるというよりとにかく何があったのかを知りたい。その母としての一心でどーっと問いただされ、私はハンマーで殴られたかのように呆然《ぼうぜん》としました。

　私は何を言っただろう――

　私は何をしたのだろう――

　私はさやかに「頑張らなくちゃダメじゃない」と、教科書通りの言葉しかかけてあげることはできませんでした。しかしさやかは最後にそんな言葉を聞きたかったわけではなかったのだと気がつきました。それまでたくさん薬を飲んで、たくさんリストカットをして、それでも生きて私のところに会いに来てくれたさやか。よく頑張ったね、よく来てくれたね。そう褒《ほ》めてもらい、ただ抱きしめてほしかっただけだと思うのです。あの時の私は彼女の腕の傷は見たけれど、心の傷までを見てあげることができませんでした。

ただ生きているだけで素晴らしい

私には理想の教師像、子ども像がありました。そしてその理想の子ども像に受け持った子どもたちを全部押し込めていたのです。あの時なんと言葉を掛けていたら、彼女を救うことになったのか。正解なんてありません。それでも考え出すと私は自分を責めるようになり、私自身が心の病気に罹《かか》っていきました。

　小学校で授業をしていても、二人の自分がいるのです。子どもたちに人を傷つけたらいけないよと言っているけれど、頭上でもう一人の自分が私に叫ぶのです。「おまえは人を傷つけたりしなかったのか」。人の気持ちを考えなさいと子どもたちに指導しているけれど、「じゃあおまえは人の気持ちを考えたのか」。もう一人の私が何をしても私を否定してくる。そうしたらもう、母と約束した「笑っている教師」でいることができなくなり、とうとう学校に行けなくなりました。

　ちょうど夏休みを挟んだ数か月間だったと思います。ベッドから動けず、眠れない。世界から色がなくなり、髪の毛が真っ白に変わりました。心身ともにボロボロで、いるはずがないネットカフェにさやかを探しに行ったり、繋がるはずのないさやかの携帯に何度も電話をかけました。夫とも別れ、三人の娘を一人で育てることにもなりました。

その頃、一番上が小学校低学年。後から聞いた話ですが、あの頃、私が死ぬのではないかと本当に心配し、毎日、私の寝ているベッドにやってきていたそうです。でも、子どもたちにどんなに声を掛けられても私は子どもたちの声が全く耳に入りませんでした。体も動かないし心も動かない。「おいしいものがあるから一緒に食べよう」と言われても私は何も返事ができず、「きょうは空が綺麗《きれい》よ」と言われてもニコリとさえできない……。

あの時、再び教壇に立つことはないだろうと考えていました。そんな私に健気《けなげ》な娘たちは毎日花を摘んできてくれ、手紙を書いてくれ、そして最後には祈りを込めて鶴を折ってくれました。小さい手で鶴を折るその姿を見て、ふと心の中に小さな火が灯《とも》りました。たとえもう教壇に立てなくても、この子たちの母として、母としてだけでも立ち上がりたい——。

もう一度、娘を抱きしめられる母になる。もう一度、娘たちと一緒に笑える母になる。そう覚悟を決めて、石を拾ってきて日付を書きました。「きょうから笑えるようになる」と願掛けのような気持ちです。それを机の上に置いたもののすぐには笑えるようにならず、また石を拾ってきては日付を書く……。ただただ日付が書かれた石だけが増えていきました。

そしてある日、私がまた小石を拾おうと思ったその瞬間、一番上の娘が私の手首をパッと掴みました。目にいっぱいの涙を溜めながら、「もう石を拾ってこなくていいよ」と言うのです。私はびっくりしました。私は起き上がりたいから、頑張りたいから石を拾ってきたのに、もう拾わなくていいと言う。この子は何を言い出すんだ、そう思った時、続けてこう話してくれました。

「お母さん、もう石を拾ってこなくていいよ。もうね、笑わなくていい。抱きしめなくてもいい。どこかに一緒に行けなくてもいい。何もできなくていいから、ただ生きているだけでいいから……」

娘のこの言葉を聞いて、すべての力が抜け落ちたように、初めて声を上げて泣きました。生きているだけでいい——。そう思ったら、自分のことを許すことができたのです。そしてその言葉は、本当は私がさやかに伝えてあげたかった言葉だったのだと思い至りました。

それから私の心に少しずつ、炎が燃え出しました。人は生きているだけで尊くて素晴らしい。子どもたちの行動だけに

遺品整理をしていた時に出てきたお母様の手作りの博多織のブレザー。未完成だがお揃いで着られるよう２着準備されていた

人は愛でしか変わらない——扉をこじ開けようとするのではなく、愛をもって接していたら、自然と心の扉は開くのだと気づかせてもらいました

目をやるのではなく、子どもたちの本当の声を聴ける教師になろう。この小さく灯った炎が、再び教師として立ち上がるエネルギーとなり、もう無理だと思っていた教壇に立てるようになったのでした。

愛によって 心の重い扉は開く

それ以来、二十五年間教師の仕事をしてきた中で、子どもたちから教えられたこと、忘れ難い思い出はたくさんあります。特にさっちゃんの話からは、子どもの持つ力の大きさを教えられました。

さっちゃんの両親はさっちゃんをお祖《ば》母《あ》ちゃんの元に預けると蒸発してしまい、ショックを受けたさっちゃんはお祖母ちゃんの前以外では声が出せなくなりました。私が六年生の時に担任になるまでの五年間、ひと言も話をしないで学校生活を送っていました。声を出せないから虐《いじ》めを受けます。それをお祖母ちゃんが「さちこを虐めたのは誰ねー！」と言って学校に乗り込んでくる。このお祖母ちゃんの来校は学校では有名なことでした。

私は担任に就いた時、さっちゃんのことをクラスメートにちゃんと理解してほしいから、事実を皆に話したいとお祖母ちゃんの元に何度も直談判に行きました。初めはけんもほろろに断られるも、もし虐められたら私が責任を取ると誓って許しを得、子どもたちに真実を伝えました。さっちゃんがどうして声を出せなくなってしまったのか、一人ひとりが自分事として考えてほしかったのです。

子どもたちは素直に話を聞いて、いろいろ考えた末に、さっちゃんが思いを語りたくなったらメモ帳に書くというアイデアを出してくれました。その翌日、登校してきたさっちゃんは、メモ帳に何か書いて、一番仲良しの女の子の机に貼りました。そこには「おはよう」と書かれていました。これが、さっちゃんが六年間で最初に話した言葉でした。

それから徐々にメモの枚数が増えていきました。ここがさっちゃんのすごいところですが、いつの間にかさっちゃんは放課後に全員のクラスメートの机にメモを貼ってから帰るようになったのです。そのため、毎朝皆がさっちゃんのメモ帳を楽しみに登校するようになりました。「さっちゃん、おはよう」「さっちゃん、ちゃんと宿題やってきたよ」「さっちゃん、昨日のテレビでこれが面白かったよ」

毎朝教室はさっちゃんのメモに対する返事で賑《にぎ》やかで、さっちゃんは声は出さないけれどにっこり笑って、うんうんと頷《うなず》く。そんな素敵なクラスになりました。

教え子たちがサプライズで香葉村さんのお誕生日会をしてくれた

ところが、卒業式の練習が始まった頃からさっちゃんが学校に来られなくなりました。卒業式では名前を呼ばれて「はい」と返事をして卒業証書を受け取らなければなりません。それがさっちゃんにはプレッシャーだったのでしょう。

すると子どもたちの方から「先生、授業している場合じゃないよ。どうしたらさっちゃんが学校に来られるか、卒業できるかを考えよう」と言ってくれました。算数の授業をやめて子どもたちに考えてもらい、出した結論が「さっちゃんが学校に来られないなら、僕たちがさっちゃんの家に行こう」というものでした。

それを聞いて鳥肌が立ちました。さっちゃんを変えるのではなく、丸ごと受け止めて、自分たちが変わろうという子どもたちの優しさに心から感動しました。

それから放課後は何人かのグループに分かれて毎日さっちゃんの自宅に行き、卒業証書の受け取り方、式の進行など事細かに教えてくれました。そうして迎えた卒業式当日、皆がドキドキと見守る中、お祖母ちゃんに連れられてさっちゃんはやってきました。そして最後の卒業証書の授与の時、私が「さちこさん」と呼ぶと、小さな声でしたがしっかりと「はい」と透き通るような声が体育館中に響き渡りました。子どもたちは「わぁー」と声を上げ泣き出し、お祖母ちゃんは手で顔を隠して泣いていました。私も涙が溢れて止まりませんでした。その声はいまでも忘れることができません。

さっちゃんは長年、自分の心を守ろうと思って声が出せなくなりました。でも、クラスの子どもたちの愛によってその厚い厚い扉が少しずつ開いたのです。その子どもたちの友を思いやる優しさとお祖母ちゃんの献身的な愛情から、人は愛でしか変わらないのだと教えられました。扉をこじ開けようとするのではなく、愛をもって接していたら、自然と心の扉は開くのだと気づかせてもらいました。

三年間毎日送り続けた愛の手紙

私自身の子育てといえば、教師を続けながらだったため大変慌ただしかった記憶があります。母が早くに亡くなった分、母とやりたかったことは娘たちとやろうと考え、たくさんの思い出をつくってきました。私が両親からしてもらったように思いを聴いてあげる時間を大切にし、よく自分の思いも伝えてきました。

特に真ん中の娘が反抗期の時はなかなか私の言葉が届かず、高校三年間毎日お弁当箱に手紙を入れて思いを伝えるようにしていました。それはメモ帳くらいの小さな手紙で、「昨日のテストはどうだった?」「これおいしかったね」など他愛もない内容です。もちろん、「ありがとう」なんて言われません。でも、帰宅してお弁当箱を洗う時には手紙がなくなっている。私の思いが届いているのか分からないけれど、伝えるだけ伝えよう、そう思い続けてきました。

卒業後、娘の部屋を掃除していた時、ベッドの下からファイルが出てきて、開けてみると三年間分の私の手紙が綺麗に貼られてありました。これを発見した時の感動は言葉にできません。そして「卒業おめでとう」と書かれた最後の手紙の横にたったひと言、「ありがとう」と書いてあったのです。それを見た瞬間、私の思いは伝わっていたのだ、伝え続けてよかったと心から思いました。

それから十年近く経った二年前の話です。東京に住む私がコロナに罹り動けなくなった時、熊本に住んでいた真ん中の娘から毎日手紙が届きました。簡単にメールが送れるこの時代に、わざわざ毎日手紙を送ってきてくれた。高熱で体がきつく動けなくても、郵便受けまで行くのが私の日課となり、コロナを乗り切ることができました。

ですから私は子どもに自分の気持ちが伝わらないと悩んでいるお母さんたちに、とにかく思いを残してあげてほしいと伝えています。短くても構わないので、手書きで自分の思い、言葉をきちんと伝えてあげてほしい。その時反応が返ってこなかったとしても、その母の愛情は必ず子どもの心に積もり続けていくものです。

子育ては子どもも自分も成長させる貴重な期間

それは先生としても同様でした。学級通信は全部手書きし、思いを伝えてきました。二日に一回くらいの頻度で渡すものでしたので、ほぼ毎日書いていました。

これも後日談ですが、この春、教え子が十五年ぶりに会いに来てくれました。彼は学習塾の講師をしていたけれど、生徒たちとうまくいかず悩みに悩んで、死のうと考えていた。だけど、私の講演会があることを知って参加してくれたそうです。その講演中に自分のクラスメートの話が出てきて、あの時の自分は本当に一所懸命生きていたことを思い出し、もう一度生きる力をもらえたそうです。そ

1年が終わる時、教え子たちが教室の黒板にたくさんの「ありがとう」を書いてくれた

してそこから猛勉強して教員免許を取り、一年後の今年四月から中学の教師になると私の元に挨拶にきてくれたのです。

そして持ってきてくれたのが、十五年前の私の手書きの学級通信でした。一号から最後の号まで、綺麗にとってくれており、福岡から東京に上京する時も持ってきて、勇気をもらっていたというのです。

それを見て、ああ、書き続けてきてよかった、思いを伝え続けてきてよかったと心の底から思いました。五年後、十年後でもいい。「そういえば昔先生からあんなこと言われたな」といつか花開いてくれることを信じて、学級通信を書き続けました。ですから、彼が十五年ぶりに学級通信を見せてくれた時、いま彼の花が咲いたのだと心の底から嬉しさが込み上げてきたのです。

三人の娘の子育てに、教師として受け持った子どもたちの指導と本当に忙しかったと思いますが、いま思うとすごく懐かしく、また羨《うらや》ましい気がします。なぜなら、その時期が一番、子どもも親も成長する時だから。葛藤《かっとう》もあるだろうし、悩みも尽きません。たくさん失敗もして、情けなくて涙を流すこともあるでしょう。でも、振り返ってみると、自分がものすごく成長できていた時期だったのです。

ですからお母さん方にはたくさん悩んで、たくさん困っていいよと伝えていきます。その悩みも、子育てのある一時期しかないものです。子育てというのは〝いま〟では終わりません。自分の子育てというのは、その子どもが大きくなった時、その子自身の子育てにも大きく影響を与えるもの。だから、まずは自分が心から子育てを楽しんでほしいと思います。

女性は子どもを持った瞬間に〝○○のお母さん〟と呼ばれ、子どもたちに尽くそうと努力します。それも大切ですが、一人の人間として、自分の人生をキラキラと輝かせて過ごしてほしい。私は、自分を愛した分しか人を愛せないと思っており、自分のことが大好きで愛せる子は、人にも愛を与えていける子になるのです。

人は愛でしか変わらない――我が子をはじめ、受け持ったたくさんの子どもたちから教えてもらったことです。一人でも多くの親御さんに、その愛の素晴らしさを伝えることができれば幸いです。

子どもに自分の気持ちが伝わらないと悩んでいるお母さんたちには、とにかく思いを残してあげてほしいと伝えています。その時反応が返ってこなかったとしても、母の愛情は必ず子どもの心に積もり続けていくものです

すべての子どもは育つという信念で生きた九十九年の人生

数多くの世界的ヴァイオリニストを育てた「スズキ・メソード」の創始者として知られる鈴木鎮一氏。一九八七年、取材当時八十八歳で『致知』にご登場いただいた際のインタビューには、子どもたちに生まれつき備わった才能をいかに育み、花開かせるかのヒントが詰まっています。

鈴木鎮一

才能教育研究会会長

すずき・しんいち――明治31年愛知県に生まれる。17歳よりヴァイオリンを始め、23歳でドイツ留学、帰国後帝国高等音楽学校校長等、音楽教育に専念。昭和25年才能教育研究会設立。数多くの世界的ヴァイオリニストを育てた「スズキ・メソード」の創始者として知られる。平成10年逝去。

日本中の子が日本語を話す

——鈴木先生は音楽を通じて幼児の教育を行い、素晴らしい成果をあげてこられましたね。

鈴木　人間は、それぞれに与えられた生命が素晴らしい働きをするということを知らないんですよ。大きな生命を与えられておきながら、それを生かさない。これは愚かなことですね。

生命の働きが様々な能力をつくるんです。それは育て方次第なんですよ。私のところでは、五歳や六歳の子どもが、モーツァルトのピアノコンチェルトやメンデルスゾーンのヴァイオリンコンチェルト全楽章を綺麗《きれい》にひくんですよ。五歳や六歳の子どもなら、三千や四千の言葉を操って、ちゃんと日本語を話すでしょう。それほどみんな高い能力を持っているんです。なのにうちの子は駄目だとかいうのは、言葉以外の教育を知らないからです。

——言葉以外の教育ですか。

鈴木　いつだったか、ロンドンで、〝スズキティーチャー〟という大会があって、向こうの委員長が、〝ドクター・スズキを紹介します〟といって話し始めた。その時〝誰もがリンゴが木から落ちるのを見ていたが、ニュートンはそこから引力を発見した。それと同じように、ドクター・スズキは地球上の子どもたちが自由自在に自分の国の言葉を話すことから、高い能力を身につける教育法をつくり上げた〟という紹介を受けた。

しかし考えてみると、どんな子どもでも日本人なら日本語を自由に喋《しゃべ》っているというのは、驚くべきことでしょう。しかも大阪の子どもは大阪弁を、東北の子どもは東北弁をちゃんと喋るんですよ。

——本当にそうですね。

鈴木　私がこのことに気がついたのは昭和六年のことでした。当時、私は帝国音楽学校などで青年を相手にヴァイオリンを教えていたんですが、四歳の男の子を連れたお父さんがこの子にヴァイオリンを教えてやってほしい、といってきた。その子はいま、アメリカのカーチス音楽学校の教授になっている江藤俊哉君でした。

しかし、私にはそんな小さな子にどのように教えたらいいのか、全《まった》く見当がつかない。どんな教育をしたらいいのか、明けても暮れても考えておったんです。そして、ある時フッとひらめいたんですよ。〝日本中の子どもが日本語を喋っているじゃないか〟と。大変な感動でした。

才能は育てるもの

鈴木　こうして発見した事実を整理しますとね、まず、どんなに成績が悪いといわれている子どもでも、ちゃんと日本語を話す能力を身につけている。成績が悪くても、ガキ大将でよくしゃべる子というのがいるでしょう。つまり、どんな子どもも皆、母語を話せるように教育されているということです。いわば、この母語の教育法こそ、どんな教育にも勝るということなんです。さらにいえば、どの子もうまく喋る能力だけでなく、他のことだって高く育つ。その可能性を備えて生まれてきている、ということです。

——学校の成績が悪いのは、頭が悪いからではない、と。

鈴木　そうなんですよ。成績が悪いのは頭が悪いからではなくて、教育の方法が間違っているからなんです。その子に才能がないのではなく、育てられなかったということです。

それ以来五十数年、私はすべての子どもはよく育つと信じ、〝才能教育〟と名づけて、一人も落後する子を出さない教育運動を続けてきました。

やっぱり生命という存在がすべてなんです。

例えば、生まれたばかりの赤ちゃんがお母さんのおっぱいを飲んで一日一日大きくなっていくでしょう。手が大きくなり、足が大きくなっていく。これはどうしてだと考えた時、おっぱいを吸って、それを胃で吸収するからだという人もいるかもしれません。しかし、栄養をとったくらいでは、そんな素晴らしい仕事はできないんです。それはね、生命の力でその生命体が外部の刺激に適応して生きていけるような能力を育てていくんですよ。〝すべての人は環境の子なり〟ということです。

——人は環境の子なり、ですか。

鈴木　そうですよ、誰もが白紙の状態で生まれてくるんです。そして、生命の力によって、それぞれの環境に合った能力を身につけていくということです。それは『狼に育てられた赤ん坊』の話からも、明白なことです。

一九四一年にインドで狼に育てられた二人の子どもが発見されたんです。それはどちらも女の子で一人は二歳、もう一人は七歳ぐらいでした。その頃、インドでは女児の捨て子がしばしば行われていたそうなんですが、この二人も生まれたばかりで捨てられて、ずっと狼に育てられていたそうです。

で、発見されたこの二人を育てたシング神父が綿密な観察記と写真を残しているんですが、その行動とか能力は狼そのものなんですね。二人とも肩や胸に長い毛が生えており、四つ足で歩き、夜目がきいて、鼻もよくきく。四つ足で走ると犬のように速かったそうです。物をつかむのも手でなく口を使い、食べ物も水も犬のような格好で食べる。特に七歳のほうは生肉、しかも腐肉を好んで食べたということです。また、物を食べている時邪魔をすると、歯をむいて吠《ほ》える。その他にも、暑くても汗を流すことなく、舌をたれて犬のように喘《あえ》いだり、夜中は必ず三回、吠えて他の狼と鳴き交わした。その声は人間のものとも、獣の声ともいえないもので、年上の子のほうは死ぬまでの九年間、夜吠えをやめさせることができなかったということです。

——つまり、狼の中で育てられた赤ん坊

「子どもは無限の可能性を持っている」

は、狼の中で生きる能力を身につけていくということですね。

鈴木　人々はこの二人の子を重度の知的障碍《しょうがい》だと判定しました。しかしね、それは結果を人間社会の子と比較しての話です。人の子でありながら、狼の生活に適応したこの二人は、人間の子として実に優れた生命力を持っていたということなんです。だからこの二人の子が文明社会のよい環境で育っていたら、人間として非常に高度な成長をしたと私は思います。それが生命の働きなんです。

ところが、私が残念なのは、人間はみんなこうした素晴らしい生命をいただいておきながら、それを十分に生かしていないということなんですよ。

無限の可能性を秘めた人間

――どんな人間も無限の可能性を秘めているということですね。

鈴木　それはそうですよ。どんな子どもも正しい経験と努力を積み重ねれば育つんです。だから、才能教育の全国各地の支部ではどこでもノーテストで子どもを引き受けているんですよ。

それでね、以前、岐阜県のある支部に、小児マヒにかかった六歳の女の子がいたんです。右半身がやられ、右眼が斜視でした。ヴァイオリンをひくと、右手が勝手に強く動いて、弓が手から飛んでしまうんです。しかし、それでも根気よくレッスンを続けたところ、半年くらいして、「キラキラ星変奏曲」がひけるようになりました。その子もお母さんも頑張ったんですね。で、さらに稽古を重ねていくと、右眼の斜視が正常になり始め、同時に不自由な右半身も正常に活動するようになり、やがて小児マヒが治ってしまったんですよ。

――ああ、そうですか。

鈴木　つまり鍛えることによって、人間の生命活動は本来の姿を現し、能力を生む。その能力は、さらに訓練することによって、すべての困難を解決し、より高い能力になっていくということです。

まず大切なのはやってみることです。生命は行動する者にのみその力を発揮するんです。どんな能力だって、実行を怠《おこた》る者には備わらない。

だから、小児マヒの子にしたって、もし親が病気だからといって何もさせないでおいたら、その状態に甘えてしまい、一生、右半身不自由なままで過ごすことになったでしょうね。

――生まれつき素質がない、などとよくいいますが、そんなことはないということでしょうか。

鍛えることによって、人間の生命活動は本来の姿を現し、能力を生む

まず大切なのはやってみることです。生命は行動する者にのみその力を発揮するんです

鈴木　それはそうです。育てられた姿を見て、それを生まれつきだとする考え方をやめなければならない。狼の習慣性を身につけてしまうのも人間なんです。アインシュタインやゲーテだって、もし石器時代に生まれていたら、石器時代の人々の文化能力の人にしか育たなかったでしょうし、石器時代の乳児を私が受け取って育てれば、やがてその子を、ベートーヴェンのヴァイオリン・ソナタをひく青年に育てることもできます。

――最も大切なことはいかに育てるか、ということになりますね。

鈴木　才能はあるものではなくて、創るものですからね。

下手な努力をすれば下手な才能が育つし、優れた才能を示した人たちはそれだけ正しい努力を積み重ねた人たちだということです。

生まれつきの音痴はいない

――優れた才能をつくるためには、どのように育てればいいのでしょうか。

鈴木　最も大切なことは、何度も繰り返してやる、ということです。身につくまで何度でも、繰り返してやる。子どもが日本語を喋れるようになるのは、毎日毎日の繰り返しでしょう。どんな能力でもそれと同じで、やさしく感じるようになるまで、何度でもやる。それが能力を高める秘訣《ひけつ》ですね。

だから例えば、私は一つの曲を何回でもひかせるんです。普通の場合は一つの曲がひけたら、どんどん次の曲にいってしまう。でもそれでは、あれもこれもできるけど、立派なのが一つもないということになってしまうんです。だから私は一つの曲を毎日三回ずつ、約三か月ひかせる。しかもその一方で、その曲の世界最高の演奏をレコードで聴かせる。そうすると高さというものが生まれてくるんですよ。それはもはや技術ではない、精神の段階なんです。

――完全に身につくまで一つの曲を練習させるわけですね。

鈴木　それは単に一つの曲だけではなくて、一つの大事な音の場合もあります。ある一つの大事な音、これがあなたの心を表す音だといってね。それを一万回練習してきなさい、という。

――一万回ですか。

鈴木　本当にやる子は、ちゃんと日記までつけてやってますよ。「今日は八千六百回になりました」とかね。それを繰り返しているうちに、自分でも知らぬ間に変わっているんです。

一万回といいましたが、やはりより多

くの訓練も必要なことです。五年間やりましたという人がいますが、五年といっても毎日五分間やるのと三時間やるのとは、全く違いますからね。正しい方法による、より多くの訓練、これが能力の育つ原則です。

——先生はもともと不器用はないとおっしゃっていますね。

鈴木　不器用で指が速く動きません、といってくる生徒もよくいるんです。しかしそれは不器用で指が動かないんだと自分に言い聞かせているんですよ。つまり、練習の仕方が下手なんです。だから、そういう生徒には、まずゆっくりていねいに、繰り返し繰り返し練習させる。で、少しずつ速くしていく。そうすれば、誰でもできるようになるんですよ。自分には生まれつき能力がないと嘆くのは、虫のよい身勝手です。自分は音痴だと諦めるのも同じことです。

——音痴も治る、と。

鈴木　それは子どものうちに、間違った音を身につけてしまった結果なんです。例えば、間違ったファの音を身につけた子どもがいるとしますね。そうした子どもには新しく、正しいファの音を身につけさせればいいんですよ。

つまり誤ったファの音を五千回聴いて音痴になったのなら、正しいファの音を六千回、七千回と聴かせればいい。初めは駄目ですが、やがて前に五千回聴いて身につけた誤った音を発する能力より、あとから七千回聴いて育った正しいファを発する能力が上まわるんです。

急がず休まず実行せよ

鈴木　だから、結局、能力が身につくかどうかは、やり抜くかどうかにかかっているといってもいいでしょうね。その時まず大切なのは、やるべきだと思ったらすぐにスタートすること。これはね、人の一生を左右するほどの重大な能力なんです。

——普通の人間はなかなかそれができない。

鈴木　そうです。誰でもやればいいなあ、と思うことはよくあるんです。しかし、思うだけで実行に移す人は非常に少ない。

決心したがやらない、やっても間もなくやめてしまう人が実に多いんです。私もかつては思うだけでなかなか実行に移せない人間だったんですが、ある日、「思うだけでは能力ではない。それは、思わないのと結果は同じだ。やってのけてこそ、能力なのだ。思ったら行う能力を身につけよう」と決心したんです。

——まさに知行合一《ちこうごういつ》の精神ですね。

鈴木　あの時やっておけばよかった、ということがよくあるでしょう。せっかくのチャンスだったのに、と。それはすぐに行動に移す能力を持っていないから起こることです。そういう人は結局、一生運命が開けない。チャンスはあるんだけれど、それを掴《つか》む行動がない。行動がないということは自らチャンスを放棄しているということです。だからまず、思ったことを、今日ただいまから実行する習慣をつけることです。

――なるほど。

鈴木　で、やり始めたら、今度はそれをやり抜く忍耐という能力を育てなくてはならない。そのためには、決心して始めたら、まずしばらくの間、忍耐してみることです。初めの、この辛抱《しんぼう》が運命を決めるんです。なぜなら、辛抱をしばらく続けていると、必要な根気の能力が生まれてくる。少しでもこの能力が生まれると、それがより高い能力を生むようになる。つまり、根気が続くようになるというわけですね。

――根気もまた能力だ、と。

鈴木　そうですよ。で、決心し行動したら、希望を持って生きることです。高く大きな山を望む。しかし、登るからには一歩一歩近寄らねばなりませんよ。急ぐべからず、これが原則です。急いで倒れてしまっては何にもならないでしょう。しかし、休むべからず、これも原則です。誰が何といおうと、休まず、急がず歩を運んでいれば、必ず行き着きます。こうしてやっていれば、勘も育ってくるはずです。

――ああ、勘も。

鈴木　勘も仕事を容易にし、達成への大きな力になるものです。全国から送られてくる千数百人の卒業演奏を聴くのも私の仕事の一つですが、私はそのテープを聴いただけで、それぞれの子どもの人柄、姿勢の良し悪し、弓の持ち方、心の状態まで分かってしまうんです。人はそれを不思議がりますが、これは五十数年の習慣が生んだ勘の能力によるものなのですよ。

“育”のない日本の教育

――先生は生まれてすぐからの教育が大切だとおっしゃってますが、赤ん坊にはどのような教育をすればいいのでしょう。

鈴木　それはやっぱり、言葉を教えるのと同じことですよ。子どもたちは親の話す東京弁なり、大阪弁を聞いて育って、その言葉を身につけていくんでしょう。だから、音痴の子どもに育てようと思ったら、毎日、音程のひどいレコードを聴かせて育てれば必ず音痴の子に育ちますよ。

　その逆に美しい音楽を聴かせて育てればどうなるか。数百名の赤ん坊に、毎日、モーツァルトの弦楽合奏曲セレナーデの音楽を聴かせて、育てているんですが、親からの報告によれば、生後四、五か月の赤ん坊が、その音楽が始まると、身体を動かして喜んで聴くということです。素晴らしいでしょう。ちっちゃな赤ん坊が無意識にその音楽を身につけていくんですよ。

　しかし、それは単に音楽だけでなく、親の心や感情も同じように身につけていくということなんですね。

――まずは親自身がしっかりしていないといけない、と。

どんな人間に対しても尊敬を失ってはいけません

鈴木　ああ、そうです。だからね、いまお話ししているような子どもの素晴らしさを、まず親が知ることですよ。うちの子は駄目だと思っている親の心を、子どもはちゃんと感じるんです。たとえ言葉ではわからなくても、生命は知っている。

　あるいは、子どもをよくしたいと思って、いつも叱りとばしていくと、叱られる能力がだんだんと高くなって、いくら叱られても平気になってしまう。それがだんだん高《こう》じていくと、しまいにはどうしてもいうことのきかない人間に育ってしまう。親がそういうふうに育てておきながら「うちの子は生まれつき強情な子だ」というんですからね。子どもこそ気の毒ですよ。

——なるほど。

鈴木　私の生徒のお母さんが、「うちの子はものになるでしょうか」と聞きにくることがあるんですよ。そういう打算的な考えは駄目なんですね。だから私は「少しでも立派に、より美しい心の人に、そして幸福な道へと子どもを育てる、親としての心配はそれで十分でしょう。人間として立派に育てば立派な道が開けるでしょう。そういう点なら大丈夫ですよ」と答えるんです。

——先生は小さな子どもにヴァイオリンを教える時は、まずお母さんにひかせるそうですね。

鈴木　一番小さな子は二歳半から教えるんですが、そんな赤ん坊にはヴァイオリンをひきたいなどという気持ちはないでしょう。ところが、お母さんがヴァイオリンをひくのを見ていると、子どもは自然にヴァイオリンを取って遊ぶようになる。まず、そうした環境を与えることが大切なんです。

　とにかくね、生命というのは素晴らしいものなんです。だから、どんな人間に対しても尊敬を失ってはいけません。だいたい私は、怒るということができないんですよ。怒るなんて能力はとっちゃったほうがいいでしょう。だから、怒らないと決めた。すると、段々、そんな能力がなくなってしまったんですね。たとえこっちに馬鹿野郎なんていう人がいても、あれはそれをいった自分のことをいってるんだな。かわいそうにね、と思う。だって人に馬鹿野郎という能力が育ってしまっているということでしょう。

　とにかくね、何千万あるか分からん星の中で、地球という珍しいところに無料で観光旅行に来させてもらっているんです。面白いですよ、これは。死んだらまたふるさとに帰るだけですが、ここにいる間は、人間の間違ったところを何とか正してあげたいという気持ちだけですね。だから名誉だとか、金が欲しいなどとは思ったこともないんですよ。

お母さんとわが子に贈る人間学の本

時代や環境を問わず、普遍的な教えが詰まった人間学の本。
お母さんとお子様におすすめしたい７冊を選びました。

日本の偉人100人 ＋50人

寺子屋モデル・編著

「生き方のお手本」となるような日本の偉人 100 人の生き方を、熱く、コンパクトに紹介した『日本の偉人100 人』(上・下巻)。本書はそこへさらに 50 人を加えた第３弾です。

定価＝ 1,980 円（税込）

14 歳からの「啓発録」

瀬戸謙介・著

幕末の英傑・橋本左内が満 14 歳の時、自らに対する誓いを記した『啓発録』。その強い決意と覚悟に満ちた言葉が現代の中学生の心を熱く振るわせています。本誌 P.90 にご登場の瀬戸謙介氏の最新刊。

定価＝ 1,320 円（税込）

家庭教育の心得 21

森信三・著／寺田一清・編

口コミで広まり続け、20 万もの家庭を変えたとされる「家庭教育のバイブル」の復刻版。子育てや躾の仕方のポイントを 21 項目に絞って解説した名著。

定価＝ 1,430 円（税込）

開運 #年中行事 はじめました

井垣利英《としえ》・著

七五三やお正月という「年中行事」に込められた意味や、その知恵を現代生活に気軽に取り入れ、幸せに過ごすためのヒントが満載の１冊。お子さんと話しながら一緒に取り組んでみませんか？

定価＝ 1,540 円（税込）

本当は怒りたくない お母さんのための アンガーマネジメント

島田妙子・著

『母 VOL.1』にご登場の叱り方トレーナーとして多くの母親を救ってきた著者が贈る、「怒りと上手に付き合うためのトレーニング」。６秒ルールや深呼吸など、毎日のイライラから自分を解放する具体的なヒントが詰まっています。

定価＝ 1,540 円（税込）

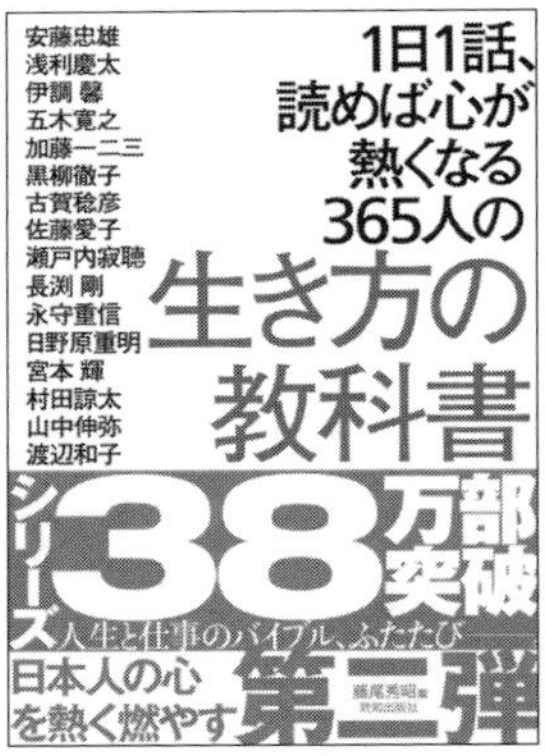

1日1話、読めば心が熱くなる365人の仕事の教科書

1日1話、読めば心が熱くなる365人の生き方の教科書

藤尾秀昭・監修（各巻ともに）

合わせて約 40 万部のベストセラーとなった２冊。現代を熱く生きる偉人たちの実話に若いうちに触れることは、その後の人生を生きる指針となるはずです。１日３分で読める「心が熱くなる教科書」シリーズ。読み聞かせにもおすすめです。

各巻定価＝ 2,585 円（税込）

［第四章］

生きる力を育てる

①
生まれてきてくれてありがとう
～〝胎内記憶〟が教える「親子が幸せになる子育て」のヒント～
池川 明
池川クリニック院長

②
子供たちの志をいかに育むか
～橋本左内『啓発録』に学ぶ～
瀬戸謙介
空手道場「瀬戸塾」師範

③
子どもの健やかな心を育てる条件
～児童精神科医として歩んだ五十年～
渡辺久子
渡邊醫院副院長

④
降りかかる逆境と試練が
私の人生の花を咲かせた
塩見志満子
のらねこ学かん代表

生まれてきてくれてありがとう

“胎内記憶”が教える「親子が幸せになる子育て」のヒント

お母さんのおなかから生まれてくる前の記憶「胎内記憶」。
その研究・調査に長年取り組み、医療現場、
子育て支援に生かしてきたのが産科医の池川明さんです。
池川さんに胎内記憶の豊富な事例を交え、
一般の育児書では教えてくれない親子が幸せになる子育て、
生き方のヒントをお話しいただきました。

池川　明

池川クリニック院長

いけがわ・あきら――１９５４年東京都生まれ。帝京大学医学部卒・同大大学院修了。医学博士。上尾中央総合病院産婦人科部長を経て、89年神奈川県横浜市に池川クリニックを開設。１９９１年より「胎内記憶」に関する研究を始め、２００１年調査結果を発表、大きな話題を呼ぶ。現在、胎内記憶研究の第一人者として講演活動や書籍の出版に積極的に取り組んでいる。『ママのおなかをえらんできたよ。』（二見書房）『ママ、パパ、生まれる前から大好きだよ！』（学研プラス）『胎内記憶が教えてくれた　この世に生まれてきた大切な理由』（青春出版社）など著書多数。

生まれる前のことを記憶する子どもたち

母親のおなかの中にいた時のこと、生まれてきた時のこと、さらには母親のおなかに入る前のことを覚えている子どもたちがいる——そんな話を聞いたことはありませんか？　それらの記憶は、総称して「胎内記憶」と呼ばれるものです。

神奈川県で産科医をしている私が、胎内記憶に関心を持ったのは、一九九七年頃、退行催眠に関する本を読んだことがきっかけでした。同書には、退行催眠によって潜在意識に繋《つな》がると、母親のおなかの中にいた時の記憶を語り出す人がいるという事例がたくさん紹介されていたのです。最初は、「ああ、こんな世界もあるんだな」というくらいの認識だったのですが、以後、参考文献として挙げられている研究書を片っ端から購入して読んでいく中で、胎内記憶は特殊な事例ではないのだと思うようになりました。

また、デーヴィッド・チェンバレン博士の『誕生を記憶する子どもたち』の内容にも驚きました。そこには妊娠十週から十六週にかけて、赤ちゃんには既に外部の刺激を感じる全身の感覚や五感が発達していると書かれており、これも当時私が医学部で教えられた内容とは異なっていました。妊娠何週でこの臓器ができて……ということは習っても、私はおなかの赤ちゃんに感覚、あるいは記憶があるなどとは教わりはしませんでした。

そこで、私が運営するクリニックのベテランスタッフに「胎内記憶って知ってる？　赤ちゃんには記憶があるみたいだよ」と聞いてみたところ、驚く様子もなく、「ええ、ありますよ」と普通に言うのです。しかも、そのうちの一人は「うちの孫には胎内記憶がある」と、お孫さんが小学一年の時に書いた作文のコピーを見せてくれたのでした。

ぼくがおかあさんのおなかにいるときに、ほうちょうがささってきて、しろいふくをきためがねのひとにあしをつかまれて、おしりをたたかれました。
おかあさんのふくろからでたとき、パンとおとがしてこわくてないていると、こんどはくちにゴムをとおしてきて、くるしかったのでないてしまいました。
おかあさんはゆめでしょうといっていますが、ぼくはちがうとおもいます。

作文を読んだ私は、「これは帝王切開じゃないか」と思ったのですが、詳しい状況を聞いてみると、案の定、お孫さんは逆子《さかご》だったため、帝王切開で生まれてきたとのこと。しかし、逆子は足から生まれてくることを示す記述が作文にあったことには非常に驚きました。というのは、逆子が足から生まれてくることは、通常、産科医か関係者でなければ知り得ない情報だからです。これが、私が直接耳にした初めての胎内記憶でした。

三人に一人に胎内記憶がある

胎内記憶への関心をますます深めた私は、クリニックに健診で訪れるお母さんやお子さんたちに、思い切って「生まれる前のこと、覚えてる?」と尋ねてみることにしました。すると、胎内記憶に関する話がもうどんどん出てくるのです。ただ、その頃の日本では、胎内記憶はまだ一般的には知られていませんでしたから、お母さんたちも「うちの子は変なことを言うんですよ」という感じでした。それに子どもたちも、話してくれた後に、「あ、本当は他の人に喋《しゃべ》っちゃいけないんだ」と言う子もいました。

　この経験から、子どもたちは胎内記憶を喋りたがらないし、また喋るとしても相手を選んでいることが伝わってきました。目の前の大人に胎内記憶を喋ってもいいかどうか、感覚的に分かるのでしょう。

　そうして二〇〇一年、私は胎内記憶に関する調査結果をまとめ、全国保険医団体連合会で発表。その内容がある全国紙で紹介されると、驚くほどの反響が寄せられ、「自分にも記憶がある」という手紙やファクスが続々とクリニックまで寄せられたのです。さらに、調査に協力してくれる方や団体も現れました。

　例えば、二〇〇二年から二〇〇三年にかけて、長野県諏訪《すわ》市と塩尻《しおじり》市の保育園に通う親子三千六百一組を対象にした大規模なアンケート調査では、「胎内記憶がある」と答えた子が三十三％、「ない」が四十％、「どちらともいえない」が二十七％でした。また生まれる時の記憶である「誕生記憶」が「ある」と答えた子は二十一％、「ない」が四十六％、「どちらともいえない」が三十三％でした。

　つまり、三人に一人に胎内記憶、五人に一人に誕生記憶があるという結果が出たのです。そもそも、子どもが小さくて話せなかったというケースもあるので、実際にはもっと多い可能性があります。

胎内記憶を実学として生かす

　多くの胎内記憶に接する中で、私は「胎内記憶は産科医の仕事に生かせる実学だ」との思いを深めていきました。

　例えば、早産したお母さんにお子さんの胎内記憶について聞いてみたところ、「うちの子は『おなかの中が濁《にご》って、臭くて、このままいたら殺されると思ったから早く出てきた』と言っています」という答えが返ってきました。実際、そのお子さんに「お母さんのおなかはなぜ臭くなるの？」と聞いてみると、「悪い食べ物を食べたこと。あとは、怒りや悩みの感情」だと教えてくれました。

　確かに母親が食べたものは羊水に影響しますし、妊婦さんのストレスは喫煙や飲酒よりも十倍悪影響がある、とも言われます。実際、ストレスがかかると、カテコラミンというホルモンが分泌され、結果的に子宮やその周辺に炎症性の変化が起き、それが本来なら安定期であるのにも拘《かかわ》らずおなかの張りや痛みに繋がって早産を引き起こします。私の現場での経験からも、ストレスの多い生活を送っていた方は、やはり難産や切迫早産になりやすいように感じます。妊婦さんのおなかが張ったりすると、産科医は張りを緩和する薬を出すなどして解決しようとしがちですが、胎内記憶を素直に受け止めれば、薬だけではなく妊婦さんのストレスをいかに緩和し、いかに心を落ち着けるかに目が向くようになるはずです。

無条件にわが子を信頼して徹底的に信じる。親から信頼されていることを日々感じている子は、その通りに育っていくものです

また、興味深いのは「お母さんに早く会いたかったから」と胎内記憶を語る早産の子もいることです。逆子に関しても、「お母さんと同じ姿勢で世の中を見てみたかったから逆子になったんだ」と、いわゆる普通なら異常とされるお産を自ら前向きに選んだと語る子もいました。

それから、二人目を妊娠したお母さんが、三歳の女の子を連れて健診を受けに来た際のことです。エコーでおなかの赤ちゃんの性別を調べようとすると、横にいたその女の子が「これ、見られると恥ずかしいんだよね」と言ったのです。驚いてその子に話を聞いてみたところ、「自分も見られるのが恥ずかしかったけれど、性別が分かってママとパパが喜んでくれるならいいやと思った」と。つまり赤ちゃんはおなかにいる時から、ここまで物事を認識している、自分のことよりもママやパパのことを優先する子がいることが分かったのです。

講演を行う池川氏

当然、一般の育児書にこんなことは書いてありません。親は子どもを愛しましょうとは書いてあっても、子どもは生まれる前から親を愛している、親は子どもの愛を受け取りましょうとは書かれていません。

胎内記憶について学べば学ぶほど、妊娠・出産は「何週目はこうしなさい」というように、育児書に画一的に書いている通りのものではなく、一人ひとり全《まった》く違うということが分かります。それに大人がこうだと思っていることと、赤ちゃんが思っていることは真逆であることもしばしばあります。ですから、「育児書と違う」「こうしなきゃいけない」と悩むのではなく、既に自分を愛してくれているおなかの赤ちゃんと対話を重ねながら、それぞれが一番幸せな出産・育児を実現していくことが大事なのです。

おなかにいる赤ちゃんは、自分たちのことを分かってくれている、愛してくれていると思っているのと、そうでないのとでは、妊娠・出産、育児に対する意識も全然違ってくるはずです。そのため、私は胎内記憶を実学として捉《とら》え、出産・育児の現場で積極的に活用していこうと、ご自身にも胎内記憶がある幼児教室スコーレ代表の土橋優子さんと共に二〇一

子どもがどのような状態であっても、常識や固定観念をいったん脇に置いて、我が子をありのままに受け止めることが大事なのだと思います

七年、胎内記憶教育協会を立ち上げ、その普及と啓発活動に取り組んできました。

ちなみに、赤ちゃんがおなかにいる時から、言葉掛けや本の読み聞かせをする「胎教《たいきょう》」は、昔から普通に行われていました。おそらく昔の人は、おなかの赤ちゃんには感情や意識があることを、本能的に分かっていたのでしょう。

子どもたちは親を選んで生まれてくる

ここまでは、主におなかにいる時の記憶についてお話ししてきましたが、子どもたちの中には、「僕は雲の上で見ててママのところにビューンて来たんだよ」「前はこんな家に住んでいたんだ」など、生命が宿る前の中間生や過去生の記憶を語るケースもたくさんあります。

例えばある女の子は、「女優さんになりたいから、空の上から綺麗《きれい》なお母さん

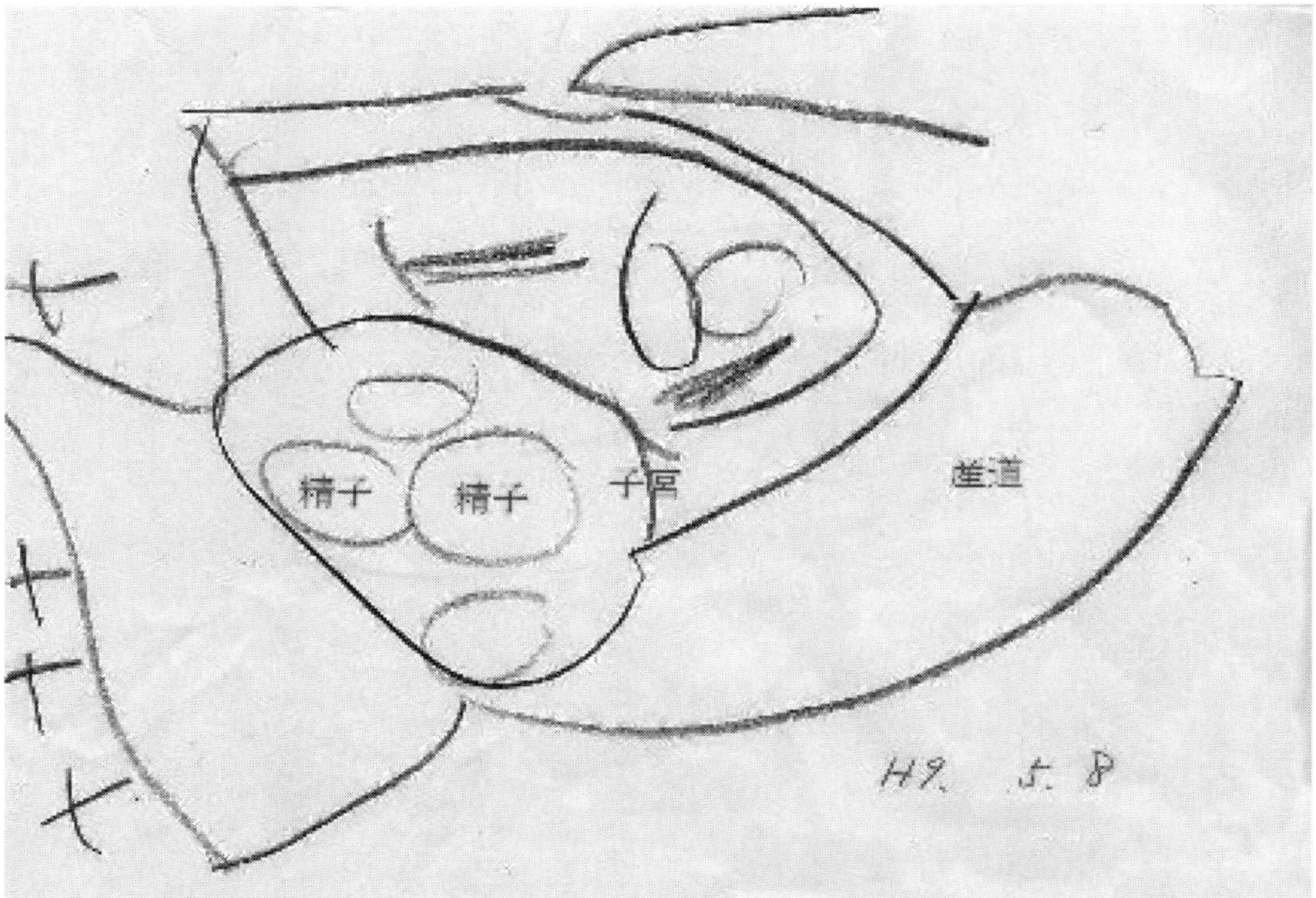

胎内記憶を持つ３歳の子どもが記した子宮のイラスト。
そこには、「精子」「子宮」「産道」が正確に記されていた

を選んできた」と話してくれました。おなかにいた時の記憶以上に不思議な話ですから、私が二〇〇四年に『ママのおなかをえらんできたよ。』という本を出版した時には、そんなことあるはずがない、虐待《ぎゃくたい》を受けたり、障碍《しょうがい》のある子も自分で選んで生まれてきたのかと、批判を受けました。でも子どもたちに聞くと、生まれてきたことを恨んでいる子は一人もおらず、やはり多くが「自分でお母さんのおなかを選んで生まれてきた」「生まれてきただけで幸せなんだよ」「お母さんありがとう」とはっきり言います。障碍もパパ、ママを幸せにするために自分で選んできた、と普通に語るのです。

　実際、長い目で見ると、中絶や虐待があったことで、お母さんや家族の絆が深まり、愛情を取り戻したりするケースがあるのです。子どもの頃に虐待を受けていたというあるお母さんは、我が子にも同じように虐待をしていました。しかしある時、我が子の写真を見たら、目の奥に仏様の慈悲の心が見えて、はっとしたそうです。すぐ子どもにいままでのことを謝ったところ、僅《わず》か五歳のその子は、「僕はお母さんは分かってくれているって信じていた。だって、お母さんがそうするのは、お祖母《ばあ》ちゃんからそうされたからだし、お祖母ちゃんもそうされてきたんだから、誰も悪くない。気がついた人がやめればいいんだ」と言ったそうです。

　また、障碍のある子どもたちに聞いてみると、ほとんどの子から「自分は障碍があるとは思っていない」という返事が返ってきます。障碍があるから辛《つら》いだろうと思うのは、あくまで親の固定観念である場合が多いのです。実際、胎内記憶を聞く限り、子どもたちはお母さん・お父さんがそうした固定観念から脱し、子どもの本質や内面を見ることで「生まれてくれてよかった」と喜びを感じることを期待しているようなのです。

　小学四年生のある男の子も、「お母さんに愛を送るため、わざとお母さんを怒らせているんだ」「お母さんには愛がいっぱいだけど、こうしなくちゃいけないという思いのために、愛に重い蓋《ふた》が乗っているんだ」と教えてくれました。一見マイナスと思える子どもの行動も、実は親に何か大事なことを気づかせるためにあえて行っているかもしれないのです。

　ですから、子どもがどのような状態であっても、常識や固定観念をいったん脇《わき》に置いて、「子どもは私たちを幸せにするために、自分を選んで生まれてきてくれたんだ」「大切なことに気づかせてくれるために、最高の状態で生まれてきてくれたんだ」と、我が子をありのままに受け止めることが大事なのだと思います。

「生まれてきてくれてありがとう」

胎内記憶のある子どもたちの話を総合すると、どうやら私たちは、「三つのミッション」を携《たずさ》えてこの世の中に生まれてくるということが分かってきました。

　一つには、先ほどの事例で紹介したように「お母さんを幸せにすること」、二つには「女優さんになりたかった」という胎内記憶を話してくれた女の子のように「自分らしく生きること（自分の人生の目標、テーマを追求すること）」、三つには「人の役に立つこと」です。

そして、この三つのミッションはステップになっており、第一のミッション「お母さんを幸せにすること」をクリアすると、次の「自分らしく生きる」、つまり自分自身の人生の目標、夢に向かって自信を持って明るく前向きに歩み始めることができ、それが結果的には、人の役に立つ人生に繋がっていくのです。

実際、思春期や大人になって自己肯定感が低い、目標や夢が持てないという人に話を聞くと、やはり幼少期にお母さんとの関係がうまくいかず、お母さんを幸せにするというミッションに失敗している人が多いのです。自分は大好きなお母さんを幸せにできた、お母さんの役に立てたという実感がないまま成長した子どもたちは、自己肯定感が得られず、進むべき道を見失ってしまうのかもしれません。

ですから、私は子育てで最も大事なことは、我が子の目を見てにこっと笑って、「生まれてきてくれて、ありがとう」という言葉や態度でママは幸せだよ、と伝えることだと思っています。「何かができるからよい子」「何をしたから大事な子」という条件が全くないところで、その子の存在そのものを認めて（存在の受容）、喜びと感謝の思いを伝えてあげることが大事なのです。特に「生まれてきてくれて、ありがとう」という言葉はその人の存在そのものに対する喜びと感謝の表現であり、感謝は「あなたは私の役に立ちましたよ」という評価に他なりません。これにより子どもは第一のミッションをクリアし、次のミッションに進むことができるようになります。

そしてその感謝の言葉は、そのまま親にも返ってくるようです。先ほどの虐待が連鎖したお母さんもそうですが、例えば「自分の子どもが可愛いと思えない」というお母さんは、やはり自分の親から愛情をあまり受けられなかったというケースがよくあります。ですから、我が子との関係がうまくいかないお母さんは、わが子に感謝の言葉を伝えると共に、自分の親との関係をいま一度見直し、「私を産んでくれて、ありがとう」と幸せを感じてみてください。すると、子ども時代

の苦しみが癒《い》やされ、自分の生き方を振り返ることができ、悪い連鎖を断ち切ることに繋がるはずです。これは数多くの胎内記憶の事例に接してきた私の実感です。

加えて大事なのは、我が子を「無条件に信じる」ということです。たとえ、いたずらばかりする子であっても、勉強に熱心に取り組まない子であっても、お母さんお父さんが「この子は三十歳になるまでに必ず立派な人間になる」「幸せな人生になる」と、無条件に我が子を信頼して徹底的に信じる。親からそう信頼されていることを日々感じている子は、やはりその通りに育っていくものです。これは遅い早いは関係ありません。成長した子どもに対しても、これからこの子は絶対に幸せになると心から信じれば、だんだんその通りになっていくものです。

実際、量子力学では原因があって結果があるのではなく、まず「自分はこうなるんだ」「この子はこうなるんだ」というゴールがあり、それが現実をつくっていくと考えます。強く思ったことが現実に影響を与えていくのです。例えば料理をする時、まず「何をつくるか」を決めてから、材料の買い物や実際の作業に進み、求める料理をつくっていくはずです。人生もそれと同じなのです。

そして我が子が生きていることを喜びその感謝を感じてください。喜びと感謝をすることで体内にドーパミンが分泌され幸せを感じます。すると子どもは母親を幸せにするミッションをクリアしたことになり自己達成感、自己肯定感を持てます。さらに無条件に子どもを信じると同時に「応援」してあげてください。我が子が困難にぶつかり助けを求めてきたら、どんな助けが必要なのか、親は何をすればよいのか、上からの一方的な押し付けではなく、お子さんと一緒に考え、共に解決策を導いてあげてほしいのです。

我が子に「生まれてきてくれて、ありがとう」と喜びと感謝を伝え、子どもたちのミッションを実現してあげる。そのために「存在の受容」「無条件に信じる」「応援する」の三つを常に心掛けていく。これが、私が胎内記憶から教わった親子が幸せになる子育てのヒントです。

ぜひ皆さんも実践していただき、一人でも多くの幸せな親子、家庭が増えることを心から願っています。

私たちは「三つのミッション」を携えてこの世に生まれてきます。
一つには「お母さんを幸せにすること」
二つには「自分らしく生きること」
三つには「人の役に立つこと」です

子供たちの志をいかに育むか

橋本左内『啓発録』に学ぶ

瀬戸謙介

空手道場「瀬戸塾」師範

せと・けんすけ――昭和21年旧満州生まれ。14歳で空手を始める。獨協大学卒業。54年「瀬戸塾」を立ち上げ、空手指導と武士道や『論語』の講義を通じた人間教育に尽力する。現在、社団法人日本空手協会八段、日本空手協会東京都本部会長。著書に『子供が育つ論語』『14歳からの「啓発録」』（共に致知出版社）。

わが子には、よい目標を持って充実した人生を歩んでもらいたい――。
そんな願いを持つお母さんにぜひ一度手に取ってほしいのが、
幕末の志士・橋本左内が十四歳で立てた誓いを収めた『啓発録』です。
この度弊社より『14歳からの「啓発録」』を上梓した瀬戸謙介さんに、
ご自身の活動を交えて、子供の志を育むためのヒントをお話しいただきました。

十四歳で臨む立志式

毎年一月になると、各地の成人式の様子がマスコミを通じて報道されます。

最近は、ど派手な格好をしたり、お酒を飲んで暴れ、時に警察沙汰《ざた》に及んだりする新成人の姿をしばしば目にします。一方で、遊園地で開かれる式に喜々として参加する新成人の姿を微笑《ほほえ》ましいと評し、よい成人式の見本であるかのように持ち上げる向きもあります。

この原稿を読まれているお母さんは、こうした成人式をどう思われますか？

私はこの度致知出版社より『14歳からの「啓発録《けいはつろく》」』を上梓《じょうし》しました。そこに紹介した「立志式《りっしき》」を始めたのは、こうした成人式を巡る風潮に強い危機感を抱いたことがきっかけでした。

私は、昭和五十四年に日本空手協会の支部道場として「瀬戸塾」を立ち上げました。空手を始めたのは十四歳ですが、これまでたくさんの一流選手たちと接してきて痛感したのは、空手が一流だからといって必ずしも人間も一流とは限らないことでした。空手を学べば当然強くなりますが、ただ強いだけで人間ができていなければ、凶器を身につけた人間を野に放つことになりかねません。

そこで瀬戸塾では、空手の指導だけでなく、『武士道』や『論語』の講義を行い、道場を訪れる子供たちの人間教育にも携《たずさ》わってきました。その一環で平成二十一年から立志式を行うようになったのです。

かつて日本には、男子が成人した際に行われる元服《げんぷく》という儀式がありました。年齢は地域によってまちまちで、早い人では僅《わず》か十歳で行っていたといいます。この儀式の目的は、「おまえはきょうから一人前の人間として世間から見られる。だから甘えは許されないことを重々心して、気持ちを引き締めて歩んでいくように」と自覚を促《うなが》すことでした。

瀬戸塾の立志式は、あと一年で義務教育を終える十四歳の子供を対象に行っています。式の三か月前から毎週金曜日、空手の練習の後で約二十分間、これからの人生をどう生きるかを一緒に学びます。そして一週間前には靖國《やすくに》神社に赴《おもむ》き、境内にある遊就館《ゆうしゅうかん》で特攻隊の方々の遺書を読み、昇殿参拝《しょうでんさんぱい》を行います。国際社会に翻弄《ほんろう》されながらも国がいかに守られてきたかを知り、いまの日本を創り上げてくださったご先祖様への感謝の気持ちを抱くことを学ぶのです。

立志式の当日は保護者、来賓《らいひん》、他の塾生たちの前で決意文を発表し、決意の言葉を書いた板を正拳《せいけん》突きで割ります。彼らの覚悟に満ちた晴れやかな表情を見る度に、私は深い感動を覚えるのです。

自分は大の医者にならなければならない

私が子育て中のお母さんにぜひ読んでほしいのが、立志式に向けて子供たちと勉強する橋本左内《さない》の『啓発録』です。『啓発録』はいまから百七十年以上前（一八四八年）、橋本左内が十四歳の時に一人前の大人になるために抱いた五つの覚悟を書き記したものです。

私が『啓発録』と初めて出合ったのは三十歳の頃ですが、僅か十四歳の若者が思い定めた覚悟の見事さにいたく感銘を受けました。

橋本左内は、天保《てんぽう》五（一八三四）年に現在の福井県に生まれました。蘭学《らんがく》と医学の勉強をするため江戸へ留学していた十九歳の時に黒船が来航。激動の時代を生きた左内は、早くから次のような思いを抱いて勉学に励んでいました。

「医者には大・中・小の区別がある。小の医者は、人の病気を治すものである。中の医者は、小の医者の先生となって、これを教えるものである。けれども、大の医者は天下、国家の病気を治すものである。自分は、ぜひともこの大の医者にならなければならない」

高い志を元に努力を重ね、また優れた先見《せんけん》の明《めい》の持ち主でもあった左内は、二十二歳で福井藩主・松平春嶽《しゅんがく》の側近に取り立てられて藩政や国政に関わるようになりました。

左内は、「西洋に後《おく》れをとっている科学技術等を西洋から学ぶことは大切だが、それは日本人としての誇りを捨てて何でもかんでも西洋の真似《まね》をすればよいということではない」と考え、日本が外国と

空手道場「瀬戸塾」に通う塾生たち。
熱い思いを込めて『啓発録』の言葉を記す

対等な独立国家となるには、まず日本人としての誇りと教養を身につけることが大事だと説いていました。

　しかし、幕府の大老《たいろう》に井伊直弼《いいなおすけ》が就任すると、自分と意見の異なる者を次々と処罰し（安政《あんせい》の大獄《たいごく》）、多くの有力者に支持された左内の進んだ考えも脅威と受け止め、捕らえてしまいます。

　それでも左内は『資治通鑑《しじつがん》』という中国宋代《そうだい》の歴史書の註《ちゅう》をつくり、最後まで将来の日本に生かせる学問を後世に残そうと努力を重ねましたが、安政六（一八五九）年、惜しまれながら満二十五歳の若さで斬首《ざんしゅ》（処刑）されました。

　左内が表舞台で活躍したのは安政二年の十月から安政五年の十月までの僅か三年間でした。しかしその学識、見識は誰もが認めるところでした。

　松平春嶽は、「彼の見識はどんな人よりはるかに優れ、性格はあくまで温和・純粋で謙虚さを失わない人だった」と高く評価しています。

　また西郷隆盛は、「自分は先輩として藤田東湖《とうこ》に敬服し、同僚では橋本左内に敬服している。この二人の学才、才器、見識は到底自分の及ぶところではない」と絶賛。

　さらに左内と同様に安政の大獄で投獄された吉田松陰は、「橋本左内と同じ獄中にいながら逢えなかったことを残念に思う。彼は幽閉《ゆうへい》中にも『資治通鑑』という書物の註をつくり、獄中でも学問を論じた。特に『獄制論』は私も共感するところが多く、彼と会って論じ合いたいと思ったが、彼は既に処刑されてしまった」と、その死を惜しんでいます。

　処刑される一年前、左内が偶然自分の部屋の中で見つけたのが、十四歳の時に綴《つづ》った『啓発録』でした。思うところがあったのでしょう、彼は親友に序文を書いてもらい、一冊書き写して自分の弟と愛《まな》弟子に贈りました。その見事な決意文は、きっと子育て中のお母さんも大きな刺激を与えられることでしょう。

十四歳で定めた五つの覚悟

　左内は、『啓発録』を書いたいきさつを次のように綴っています。

「自分の性格はおおざっぱで気が弱く怠《なま》け者でしたので、自分から進んで勉強しようといった気持ちがありませんでした。将来自分は立派な人間になれないのではないかと、毎夜寝床に入ってから自分の情けなさに涙を流していました。これではいけない、何とか両親の名前が世の中に知れ、ゆくゆくは主君のお役に立てるような人物になり、ご先祖さまが残してくれた立派な功績を世の中に再び輝かせたいといつも思っていたら、だんだんと悟り、その気持ちが心の底から湧いてきました。後日その気持ちを忘れることのないようにと書き留めたものです」

　左内は謙遜して綴っていますが、実際は決してこの文章に記してあるような、大雑把《おおざっぱ》で気が弱い怠け者だったわけではありません。近所の農家の人によれば、夜寝る時も、翌朝早く起きた時も、左内の部屋を見るといつも灯がついていた。文字通り寝る間も惜しんで勉学に打ち込んでいたのです。

　その左内が『啓発録』に綴った決意は、次の五つです。

決意の中でも一番大事なのが去稚心。その後の四つの決意は、稚心を去らなければすべて成り立たない

「去稚心《きょちしん》」

(稚心を去る。子供じみた甘ったれた依頼心を捨て去り、独立独歩の心を起こす)

「振気《しんき》」

(気を振るう。何事に対してもやる気を起こし、勇気を持って事に当たる)

「立志」

(志を立てる。一所懸命勉強して天下国家に役に立つ人間になる)

「勉学」

(学に勉《つと》める。学問に励む)

「択交友《たくこうゆう》」

(交友を択《えら》ぶ。友を選び、切磋琢磨《せっさたくま》し自分を磨く)


一つひとつに込められた思いを、次項で順番に繙《ひもと》いていきましょう。

甘え心をなくすことがすべての出発点

・「去稚心」(甘え心をなくせ)

五つの決意の中でも一番大事なのがこの去稚心です。なぜなら、その後の四つの決意は、稚心を去らなければすべて成り立たないからです。ですから私の勉強会では、子供たちの甘えをなくすことを最も意識して取り組んでいるのです。

とはいえ、子供というのはその存在そのものが甘えであり、稚心を去ることは容易なことではありません。それでも繰り返し、繰り返し、辛抱《しんぼう》強く説き続けることで少しずつ成長を促すことができるのです。

稚心が抜けてきた子供は、空手の練習においても、気合いの出し方、技の繰り出し方、一つひとつが明らかに変わってくるものです。

・「振気」(常に気を振るい立たせよ)

「気」とは、生命体の発するエネルギー。「振」とは、自分自身の心の中で決めたことを、どんなことがあっても挫《くじ》けず、立ち向かっていくように気力を奮い立たせ、怠け心が起きないように気を引き締めることです。

時には負ける悔しさを味わうことも、振気を発動する一つのきっかけになるでしょう。空手で勝てば当然嬉しいけれども、後は何も覚えていないものです。しかし、負けた時の悔しさはなかなか忘れられず、夜中に相手の突きが飛んでくる夢を見てハッと目が覚めることもあります。なぜあの時避けられなかったのか、

次はどうすればよいかと必死に模索することで自分が成長していく。負けることは、実はとても大切なことなのです。

・「立志」（志を立てよ）

「志」とは、自分の心の向かっていくところをいいます。自分が何をしたいのかをハッキリと見定めたら、真っ直ぐにその方向を見据《みす》え、初心を忘れないようその心を持ち続けていくことが大切です。

　志というとすごく大変なことのように思われるかもしれません。しかし私が子供たちに言うのは、「人の役に立つ人間になろう」ということ、それだけです。

　同時に私は、「夢と志は違うんだよ」とも説いています。夢というのは、いい大学に入りたい、お金儲《もう》けをしたい等々、いずれも個人の欲望です。欲望は生きるエネルギーの源でもありますから、否定すべきではありません。けれども、その夢を達成した上で自分は何を求めるのかを考えてほしいのです。

　人間の本当の喜びが何から得られるかというと、他人様《ひとさま》の役に立った時です。自分が培ってきた能力や技術を通じて人を助け、感謝された時の喜びは格別です。ですから私は、人の役に立つ人間になりなさいと子供たちに説くのです。

・「勉学」（学問に励め）

「学」とは習って真似をするという意味です。優れた人物のよい行い、よい仕事などを見習い、実行することをいいます。

　勉学には、知識・技能を養う実学と、優れた人間性を養うための徳育の二種類があります。実学は、世の中を歩んでいく上で不可欠ですが、実学しか学ばない人はそれを自分の欲得のために使って世の中を害してしまうこともあります。素晴らしい知識、情報を頭の中にインプットし、人間性を養っていく徳育を合わせて行うことが大切です。

・「択交友」（友を択べ）

「交友」とは、普段付き合っている友人のこと。「択ぶ」とは、たくさんの人の中からよき友を選び出すということです。

　人間というのは、環境に左右される生き物です。自分を堕落《だらく》させる人ではなく、自分を高めてくれる人、お互いに切磋琢磨できる人を選んで付き合うことが、有意義な人生を切り開いていく上でとても大切です。

　よき友を見出すためには、その人が厳格で意志が強く正義感を持っているか。気持ちが優しく人情味があり誠実な人物であるか。いかなる困難にも立ち向かっていく勇気があるか。才気が溢《あふ》れ聡明《そうめい》であるか。心が広く小さな事柄にはこだわらない肝の据《す》わっている人物か。この五つを目安にすればよいと私は考えています。

14歳からの「啓発録」
空手道場「瀬戸塾」師範
瀬戸謙介
幕末の英傑・橋本左内
「14歳の時の5つの誓い」が
現代に生きる14歳の
心を震わせる。
①稚心を去れ
②気を振い立たせよ
③志を立てよ
④学問に励め
⑤友を選べ
致知出版社

『14歳からの「啓発録」』（弊社刊）

偉人の背後には、必ず立派な母親がいるものです

子供たちと向き合うことで成長させていただいた

瀬戸塾では立志式の三か月前から、この『啓発録』を子供たちと共に学びます。最初は、「君たちの夢を聞かせてほしい」と言っても、ほとんどの子が明確な人生目標を持っていません。しかし勉強を重ねていくにつれ、徐々に自分の意見を表明できるようになっていきます。

ここで、立志式で子供たちが発表してくれた決意文を抜粋してご紹介します。

「私は、大人になったらお医者さんになりたいです。これはあくまでも夢です。けれども、志を持ち、強い精神、決意、覚悟で、しっかり勉強に励み、努力を重ねれば、なれると信じています。私は、お医者さんになったら世の中の人々を病から救いたいと考えています。これが私の志です。

私にとっての志は、世のため人のために力を尽くすことです。そのためには、強い決意と覚悟で、努力を継続し、そして、甘える心と決別し、勉学に励み、そして、益《えき》友《ゆう》と交わることが大切です。今日、私はここで、これからの日々、気合いを入れて更なる修練を積み、そして、精進を続けることを誓います。人生は長いようで短く、この世で人に与えられた時間は限られています。これからも、この与えられた時間を大切に、懸命に生き、そして、志を貫くことを決意します！」

「一週間前に瀬戸先生と杉岡先生、他の立志者と一緒に靖國神社のお参りと遊就館の見学に行きました。遊就館の見学で、特攻隊の航空機や潜水艦に乗る人が、遺書に『母上、お許し下さい』と書いていたところを読んで、自分がどれだけ平和な時代で幸せな生活を送っているのかが

塾生たちは立志式での決意文発表を通して
自らの意思を表明する

すごくよく分かりました。

　母は毎日家事だけでなく妹の世話などをして下さり、父は夜遅くまで働いてくれています。にもかかわらず、いつも怠けた生活ばかりして親に迷惑ばかりかけてしまっていました。

　橋本左内は、僕と同じ十四歳の時に『啓発録』を書き、決意表明をしました。僕は、橋本左内のようになれなくても、今日の立志式で『稚心を去り』『学に勉められる』よう努力します。また、十四年間僕を大事に育てて下さった両親に親孝行し、身体を張って育ててきたかいがあったと思ってもらえるような人間になるために努力していきたいと思います」

「今の僕と同じ歳の時、橋本左内はすでに立派な武士になろうと、志まで立てていたのに、今まで僕がとっていた行動を振り返ると、とても恥ずかしいです。

　橋本左内の志、そして先生方から学んだ孔子《こうし》の教えを胸に刻み、これからは、自分の事だけを考えるのではなく、今まで育ててくれた両親に感謝し、人や社会に貢献できる立派な大人になるための努力をしていかなければならないと思いました。

　僕の『極』という名前の由来は何か一つで良いから努力を惜《お》しまず極める人間になって欲しいという願いが込められています。絶えず読書や勉学、先生方から学び、良い友達から刺激を受け、気を振るい続けることは大変です。強い心を持ち続けなければ、逆境や困難には勝てません。もし逆境や困難に負けてしまうとしたら自分の甘えだと思います。その自分の甘えを捨てるために僕は今日ここで橋本左内が立てた志の一つである『稚心を去る』ことを誓います」

　こうした決意文を読む度に、自分は子供たちと向き合うことで成長させていただいたのだと実感します。お母さん方も、きっと同じような思いを抱かれたことがあるのではないでしょうか。

子育ては何事にも代えがたい尊い営み

偉人の背後には、必ず立派な母親がいるものです。橋本左内は生前、とても厳しい母親に育てられたと述懐《じゅっかい》していますが、彼の人生を見ればうなずけます。

　私が瀬戸塾を立ち上げ、立志式を始めた背景にも、母の影響があることは間違いありません。私の母は肝が太く、いつも泰然自若《たいぜんじじゃく》としていました。大変教養の深い人で、私の受験期には「勉強しなさい」という代わりに、禅の名僧の澤木興道《さわきこうどう》や私の母校・獨協大学の創設者である天野貞祐《ていゆう》などの全集を買い与えてくれるような人でした。あいにく私が大学生の頃に亡くなりましたが、懐かしい母の面《おも》影《かげ》を思い返す度に、そして瀬戸塾にお子さんを連れてこられるお母さん方を拝見する度に、次代を担う子供たちを育てる母親の偉大さというものを実感します。

　最近は子供を欲しがらない女性が増えているようですが、子育ては何事にも代えがたい尊い営みであり、子育てに一所懸命な女性を私は心から尊敬しています。お母さんには、わが子と向き合う喜びを噛《か》みしめ、誇りを持って子育てに臨んでいただきたい。私の心からの願いです。

子どもの健やかな心を育てる条件

児童精神科医として歩んだ五十年

いじめ、不登校、引きこもり、拒食症、自殺……。
商業主義や学歴競争の激しい現代社会を生きる子どもたちは、
かつてないほど複雑な心の葛藤を抱えています。
半世紀にわたり、児童精神科医として子どもたちに向き合い続けてきた
渡辺久子先生に、心をいかに健やかに育むか、その要諦を伺いました。

渡辺久子

渡邊醫院副院長

わたなべ・ひさこ——昭和23年東京都生まれ。渡邊醫院副院長。慶應義塾大学医学部卒業後、同小児科助手、同精神科助手、小児療育相談センター、横浜市民病院精神経科医長を経て、ロンドンのタビストック・クリニック臨床研究員として留学し、精神分析と乳幼児精神医学を学ぶ。平成5年より慶應義塾大学医学部小児科専任講師。

葛藤を心に抱え込む現代の子どもたち

いまほど、育児が難しい時代はないのかもしれない――。この実感は私が児童精神科医として、また二人の子どもの母として働き始めた数十年前から、年々強くなっています。

慶應義塾大学病院の小児科で研修医として勤め始めたのは一九七三年。早いもので、この道に進んでから今年（二〇二三年）で五十年を迎えようとしています。大学病院などでの勤務医を経て、現在は乳幼児・児童・思春期精神科医として、夫が院長を務める渡邊醫院《いいん》で副院長を務め、子どもたちの診療はもちろん、子育て世代の親御さん方に向けた講演活動なども行っています。

これまで現場の最前線で数多くの子どもたちと向き合い続けてきましたが、昨今の子どもたちが抱えている心の問題は非常に複雑化しています。

日本は戦後の高度経済成長を経て、様々な犠牲の上に物質的にはとても豊かな時代を築いてきました。しかし、その一方で語られていない、心の問題が子どもたちの中に山積しているのも事実です。少子高齢化問題が叫ばれるいま、一番問題なのは子どもの数ではなく、現に生きている子ども一人ひとりが幸せではない、ということではないでしょうか。

実際、私が向き合う子どもたちはいじめ、不登校、引きこもり、拒食症、被虐待児、人工授精で生まれた子ども、ＰＴＳＤ（心的外傷後ストレス障害）など、その小さな体に工業化社会、競争社会が生んだ複雑な葛藤《かっとう》を抱え込んでいます。

彼らに共通するのは、言葉には出せない心の奥の気持ちを誰にも伝えられない、どこにいてもほっと心を休めることができない、ということ。そのことからくる安心感の欠如と寂しさが原因となり、様々な身体の症状や行動の歪《ゆが》みが生まれてしまっていることです。

一人ひとりケースは違いますが、その原因を探っていくと、必ずといってよいほど、その子が育った家庭環境や生い立ち、これまでの体験の中に何かしらの原因があることに気づかされます。

さらに、その問題に深く踏み込むと、彼らの親御さんたちが「親身に寄り添う親になるように育てられていない」ということが浮き彫りになってくるのです。

いま、世間的には立派に見えるエリート街道を歩み、日本経済を担うような仕事をしていたとしても、「家庭づくり」ができない人が増えています。

親自身も、子どもの精神的不調をきっかけに初めて自らを振り返り、自分の心の寂しさや喪失感に気づくというのは、往々にしてあることなのです。

現代の児童精神医療が抱える問題点

また、個人の問題だけでなく、日本の児童精神医療が未熟であることも、大きな問題点として考えることができます。

例えば、私のところにやって来る自閉症や発達障碍《しょうがい》と診断された子どものうち、本当にその診断名がつくと思われる子は、僅《わず》か十人に一人程度。

欧米の精神医学の基準をそのまま当て

はめて診断を下し、彼らを必要以上の投薬で薬漬けにしてしまう児童精神医療が当たり前のように行われています。

例えば、子どもの健康な発達上の行動を誤解して、「発達障碍じゃないか」「アスペルガーじゃないか」と、周りの大人たちがレッテルを貼ってしまうことがあります。不登校なら、なぜ不登校になったかを子どもが本音で親に話せる関係があれば、数日休んで元に戻るケースもあるはずです。しかし、学校も親も専門家もマニュアルに則した対応に終始し、本当の子どもの実態が掴《つか》めないままになっているのです。

私の周辺で起きた事例を一つ挙げましょう。障碍を持つお兄ちゃんがいるために、様々な我慢をしてきた優しい子が思春期になって落ち込みました。医者にかかると精神科の薬がたくさん出され、昼間起き上がれず、ひきこもり状態になりました。数年経ち、親が薬では治らない、親に言えない悩みがあると思い、子どもと向き合うようになると子どもは薬を飲むのをやめ、朝早く起きて元気に生活するようになりました。

障碍を持つお子さんを育てるというのは、家族全員の協力が必要です。そのような環境では少なからず、自らの気持ちを抑圧してしまうのは自然なことです。

しかし、彼らが本当に必要としているのは薬ではなく、「よく頑張ったね」「でも、本当はどうしたかったの？」と、親身になって話を聞き、その子の心に寄り添うこと。診断名をつけ、薬で解決するのではなく、医者が本気で向き合うことで解決する問題も多くあるはずなのです。実際に、そのように語り掛ければ、「いつも障碍のあるお兄ちゃんが優先されて寂しかった」「私の話を聞いてほしかった」「抱っこしてほしかった」「おんぶしてほしかった」と、子どもたちは心の内を吐露《とろ》します。

子どもは、親元にいる幼い間にこそ、「子どもとして」育たなければなりません。子どもらしく泣いたり笑ったり、いたずらをしたり、いろいろな失敗や挫折から学び、めげない心の免疫（レジリエンス）を身につける必要があるのです。

しかし、両親や祖父母に必要以上に厳しく育てられた、お稽古《けいこ》や習い事で忙しくて甘えられなかった、といった理由から子ども時代に「子どもとして生きていない」子が多くいます。

必要な時に心が満たされないまま大人になると、親になった時にどうしていいか分からなくなります。本当は遊びたい、甘えたいといった気持ちを消化できないまま大人になった人は、親になった時、躓《つまず》きやすい傾向にあるのです。

いまこそ、子どもたちの声なき声を真剣に聞き、レッテルを貼らない診断、子ども一人ひとりへの十分な理解によって、その子を救うことが求められています。児童精神科医としてこの現状に大変な問題意識を感じているのです。

十歳で経験した二つのカルチャーショック

私が児童精神医学の道を志した五十年前は、医師を目指す女性はいまほど多くありませんでした。それでもこの道に進もうと決めたのは、幼少期の体験が大きく影響しているのかもしれません。

私は新聞記者をしていた父の仕事の関係で世界各国を飛び回りながら、裕福ではなかったものの、伸び伸びとした幼少期を過ごしました。父も母も、決して「勉強しなさい」とは言いませんでした。その代わり、忘れられない様々な「生きた体験」をさせてくれたのです。

その一つが、十歳の時に直接目にしたアジア各国の貧民街の光景です。香港では、日本では見たことのない悲惨な現状を目の当たりにし、ニューデリーやカイロでは物乞《ものご》いをする同世代の子どもたちにも出会いました。またそのような悲惨な現実を目の当たりにした一方で、その後滞在したロンドンでは、天国のように豪華で裕福な人々の暮らしも目の当たりにしました。この二つのカルチャーショックが、私のその後の人生に大きな影響を与えたのです。

アジアの子どもたちを助けたい

中学三年生の時日本に帰国し、しばら

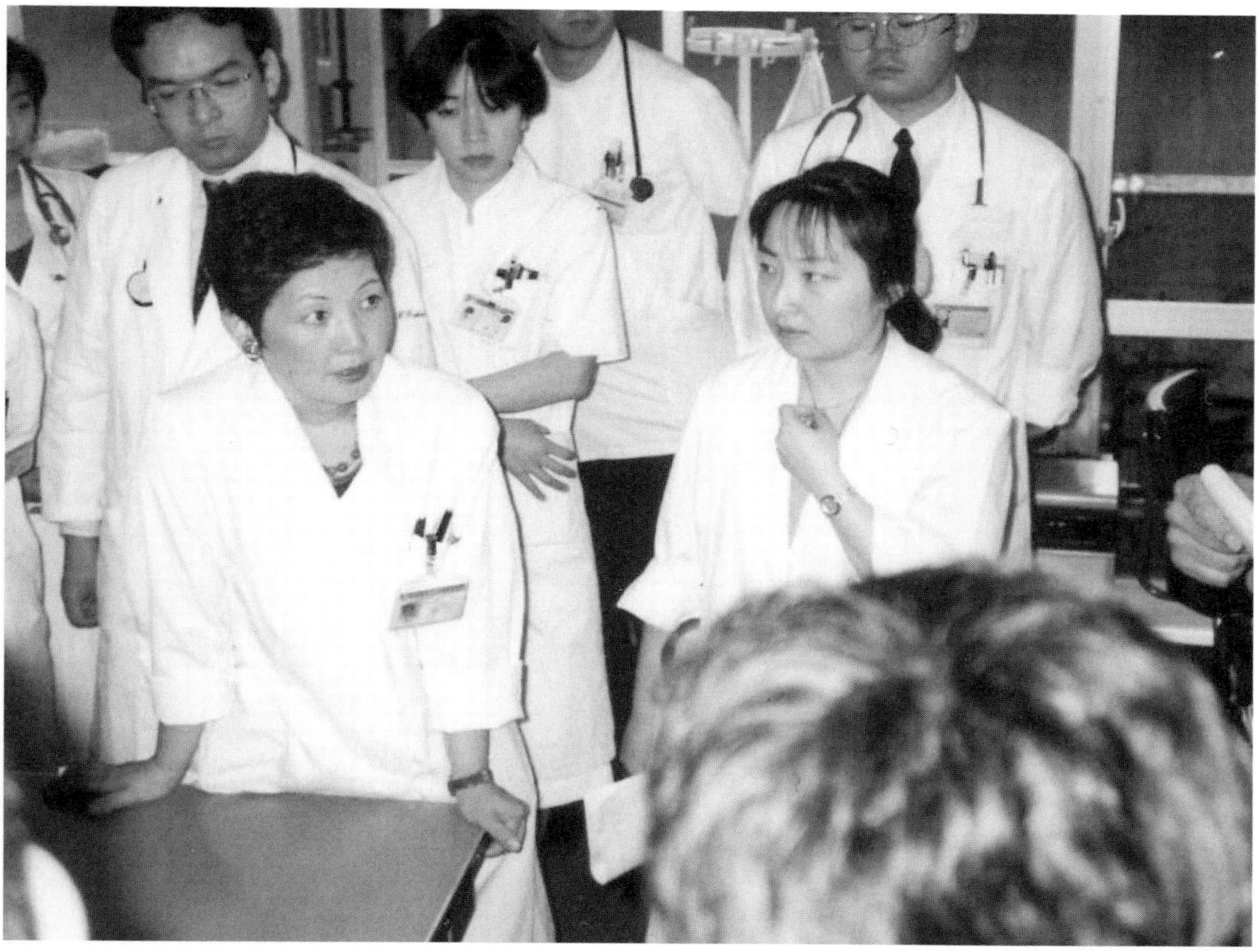

小児科病棟回診で海外専門医に患者の治療の説明を行う（写真左）

本気で目の前の子ども、目の前にある一つの命を大事にしているか

くしてから進路を考える時期を迎えました。その頃はよい先生に巡り合い、ピアノの世界に浸りきっていましたから、父も母も私は音楽の道に進むものだと考えていたようです。

しかし、私は自問自答の末「あの時見た、スラム街で貧困に苦しむアジアの子どもたちを助けたい」と考えるようになっていました。そのためには、キリスト教の宣教師か医者になるのがいいのではないか。でも、より役に立つのは医学だろう――。そう思い、医学部に進学しようと決心したのです。

しかし、父は大反対。当時、女性の医師が少なかったことはもちろん、体力的な心配もあったでしょう。医学部に行かせるようなお金はないと言われてしまいましたが、幸い母が味方になってくれました。「この子が結婚する時のお嫁入りの資金があります」「医学部に入ってみないと分からないじゃないですか」と、涙を流して私をかばってくれました。初めて見る母の涙に私も心を強く揺さぶられたものです。

そして、当時一番安い学費で通える慶應義塾大学医学部を目指すということで父を何とか説得し、独学で勉強に没頭する日々が始まりました。猛勉強の末、合格を掴んだ私の青春は医学一色でした。この大きなチャンスを手にして、どこまで自分がやれるだろうかと、学ぶことが面白くて楽しくて仕方なかったのです。

卒業を迎えた頃、私が志望したのは児童精神科医の道でした。そのためには精神医学と脳の神経内科学、それから小児科学を二年ずつ研修しなければなりません。そこで素晴らしい先生方に出逢い、鍛えていただいたのは幸運なことでした。

ある先生からは、「君、本物になりたいか」と問われました。なりたいです、と答えた私に「それなら」と、通常の三倍にも上る小児科の患者さんを診させてくださったこともあります。あの時の体験は私の原点となっています。

その後、勤務した横浜市立市民病院を退職し、家族全員でシベリア鉄道に乗ってイギリスに留学しました。欧米の精神医学の研修を経て平成五年に帰国し、勤めた慶應義塾大学医学部の小児科で、私はそれまでの二十年間に診た中で最もひどい拒食症を患《わずら》った、ある女の子と出逢うのです。

「治せない」かもしれないと思った十二歳の女の子

彼女は十二歳でした。重度の拒食症で体重は僅か二十五キロしかありません。当時、世界中の精神科医が診ても治せない、この子は死んでしまうと言われるほどのひどい状況でしたから、私も頭を抱

えました。

しかし、こう思ったのです。私はイギリスで世界最高水準の精神分析を学ぶ機会を与えられたが、もしこれでこの子を救えなかったら何のための留学だったのか。死力を尽くしてこの子を救わなきゃいけない、と。当時の私は四十五歳で、二人の子どもを育てる母でもありました。子を思う母親の気持ちは痛いほど分かります。何とかしてこの子を助けたい、その一心で治療が始まりました。

拒食症の子は本当にいい子ばかりです。彼女も頭がよく、聡明《そうめい》な女の子でしたが、その背景には「いい子」でいなければならない、辛《つら》い生い立ちがあったのです。

大家族の中で生まれた彼女は、祖母が自分の母親をいじめる姿を見て育ちました。三つ上のお兄ちゃんは、母親を守りたい一心で祖母に反発し、「おばあちゃんなんて捨ててきたらいい」と吐き捨てるほど、家庭は荒れていました。

そんな環境で彼女がやろうとしたのは、必死に家族のバランスを取ることでした。お母さんの前ではいい子でいなきゃいけない。おばあちゃんにもとびきり優しくしなきゃいけない。そう自分を抑圧し続けるうちに、いつしか心を蝕《むしば》んでしまったのです。

いい子でいなきゃいけない、失敗しちゃいけない。その恐怖に支配されて生きてきた子は、外面はいい子であっても、心の奥の鬱積《うっせき》した苦しみを周りに気づいてもらうことができません。まるで、毒入りのチョコレートボールのように、外は甘くておいしいけれど、中に入った毒が思春期を迎えた頃に爆発してしまうのです。まさに彼女もその一人でした。

医者の「一心」が子どもの未来を決める

私はまず、親御さんにお会いし、「これまでに二十年間、診てきたケースとして一番危険な状態です。このままだと彼女は死んでしまうと思います」と、正直に申し上げました。そして、「私に一か月の時間をください。命懸けでやりますから、どうか祈っていていただけますか」とお願いしたのです。そこで初めて親御さんも事態の深刻さを理解されたようで、私の治療方針に全面的についてきてくださるようになりました。

拒食症は十人に一人が亡くなる恐ろしい病気です。普通の人は、僅か数日食事を抜くだけでも苦しくてたまらないはずなのに、なぜやせ細った体で拒食を続けられるのか。それは、脳に一種の麻薬のようなホルモンが出ているからなのです。食を拒めば拒むほどこの脳内麻薬が増出され、脳は一種の麻薬漬け状態に陥ります。そのホルモンの影響で体力が落ちていながら病室内を大声で走り回ったり、あるいは骨と皮だけになった自分の体を美しいと錯覚します。それがこの病気の罠《わな》です。

脳内麻薬で恍惚《こうこつ》としている子どもの耳に、いくら飢餓死の危険を伝えてもけろっとしています。一方、強引に食べさせると脳内麻薬が急に減り、一種の麻薬の禁断症状に陥ります。すると不快感や不穏な感情が湧きあがり、過食嘔吐《おうと》症や万引きに繋《つな》がり、暴れて自殺するリスクも高まります。まずは何としても子どもと信頼関係を築くしかありません。

　私は時に病院に泊まり込み、細心の注意を払って治療に当たりました。カーテンを閉め二人きりになり、彼女に語り掛け続けました。また、少しでも身体に栄養を入れるために、ほんのちょっとのミルクを口に運ぼうとしますが、彼女は「そんなのいらない」と抵抗します。その時、咄嗟《とっさ》にこんな言葉がついて出ました。

「あなたの身体はあなたのものじゃない。あなたのお母さんが命懸けで産んだのよ！　そして、夜も寝ないであなたを育てたのよ」

　これは医者として、また二人の子を育てる母として心から湧き出てきた言葉でした。

「あなたは『自分の身体だ』というけれど、そうではない。あなたの体はお母さんの真心のたまもの。その身体を虐待するんだったら、私が許しません」

　そう叱《しか》りながら、時には一日中抵抗する彼女に朝昼晩と付き添い続けました。この時の「はっ」とした彼女の表情から、「本気」は必ず伝わると教えられました。

　その後、数年の期間をかけて彼女はひたむきに努力し、自分の体を大切にケアする習慣を粘り強く身につけて拒食症を克服しました。無事成人を迎え、会社にも就職し、四十代を迎えたいまは、二児の母親として元気に暮らしています。

　私たち医者は時に、子どもたちと命の真剣勝負をすることが求められます。そして、その勝負で必要なのは偏差値でも成績でも小手先の技術でもありません。本気で目の前の子ども、目の前にある一つの命を大事にしているか。その一点に尽きるのです。

　医者がどのような一心を抱いているかによって、子どもの心は万変《ばんぺん》します。この命の呼応によって、子どもたちの未来

当時29歳の渡辺氏。二人の子どもを育てながら仕事に没頭する日々を送った

が変わっていくことを心して私たちは挑まなければならないのです。

子育てで本当に大切なこと

　子育てとは命懸けの営みです。仕事は誰かに代わってもらえたとしても、命を育てる、この尊い営みだけは誰にも代わってもらうことができません。ですから少なくとも、子どもが生まれた最初の半年間は夫婦で協力し、保育園や親御さんに預けるなどの工夫をしながら、子育てという素晴らしい体験を味わっていただきたいと願っています。

　それから子どもにはメリハリがあります。いい時は放っておけばいい。しかし必ず訪れるうまくいかない時に、親がその子にとって安心できる「心の港」でいてあげることが大切です。子ども時代の環境と体験がその子の人格、人生の土台をつくっていくことを忘れてはいけません。

　忙しいお父さん、お母さんにも、できれば、保育園から帰ってきてから三十分間はじーっとその子を抱きしめていてほしいのです。心の港に戻り、抱きしめられている時、その子の心は満たされ、心のガソリンである安心感やわくわく感や意欲を補給することができます。そして、満足したら自分から離れていきます。子どもの心は、子どもの身体が教えてくれますから、親御さんには身体の声をよく聴いていただきたいと願っています。

　また、子育て中の方には、決して一人で頑張りすぎず、困ったことや悩みごとを小児科医や身近な誰かに相談してほしいのです。そのために周りの大人にも、より一層温かい目で見守っていただきたいと思います。

　最近、子どもの泣き声に苦情が寄せられたり通報されるケースがありますが、子どもの泣き声が聞こえない社会ほど寂しいものはないのではないでしょうか。むしろ子どもの泣き声を聞くことは、私たちの老化を遅らせ、心を若く保つための何よりのアンチエイジングに繋がるはずです。

　いま、子どもたちが直面し悩む様々な問題は、自分を取り巻く環境の変化に対して、心が柔軟に対応できないことが一つの理由として挙げられます。

　これから先どんなことが起こったとしても、しなやかに生きていける心を育てる――。それこそが何よりも子どもたちに必要なことだと私は信じています。

　この「心育ての子育て」を私自身の一生のテーマとして、尽きることないこの道を追求し続けていきたいと思います。

「あなたの体はお母さんの真心のたまもの。その身体を虐待するんだったら、私が許しません」

降りかかる逆境と試練が私の人生の花を咲かせた

塩見志満子

のらねこ学かん代表

しおみ・しまこ――昭和11年愛媛県生まれ。日本女子体育大学卒業後、東京都立中学校、愛媛県立高校、同養護学校で教師を務める。退職後、自宅横に知的障碍者が集える「のらねこ学かん」を設立。

愛媛県西条市に「のらねこ学かん」という知的障碍者のための通所施設がある。
ここを自費で運営する塩見志満子さんが学かんを立ち上げるまでの人生は、
まさに試練に次ぐ試練の連続でした。
二〇一四年、のらねこ学かんを訪ね、ハンディのある人たちと関わり、
その人生の花を咲かせようと、奔走された塩見さんに伺ったお話をご紹介します。

知的障碍者たちが週末に集う館

——この「のらねこ学かん」にはどのような方が通っておられるのですか。

塩見　知的障碍《しょうがい》の子をはじめとして三十人ほどが通ってきています。養護学校の高等部を出たばかりの子から上は五十五、六歳になりますかね。普段は作業所や家で生活しているのですが、土日だけは三十畳ほどのこの広い板張りの家にやってきて、仲間と集うんです。一緒に買い物に行ったり食事をしたり、夏になったら庭でキャンプを楽しんだりもしています。ここが仲間と触れ合う唯一の場、という子もたくさんいるんです。

——部屋の側面に大きな鏡が取り付けてありますね。

塩見　ああ、この鏡は自閉症で物の言えない子が、自分と楽しく向き合う道具なんですよ。この子たちはそうやって一日中でも自分とお話ししています。大きな鏡を取り付けるアイデアも養護学校に勤めたおかげで出てきました。

——建物はご自身で建てられたのですか。

塩見　平成三年ですから、もう二十年以上（取材当時）になります。教員として働いた退職金を全部注ぎ込んでつくりました。というのも、養護学校を出た子どもたちの多くは行くところがないわけです。だったら自分が先生になって集まる場所をつくり、ずっと面倒を見させていただこう、と思いました。

私はいま全国いろいろなところで講演をさせていただいていますが、そのお金が主な学かんの運営資金です。「今週はいくらある。これだけあるからどこそこに買い物に行ける」と皆で決めていく。だから私はもうすぐ七十八（取材当時）になりますけれども、死ぬまで働き続けなきゃいかんのです（笑）。

人間は不可能を可能にできる

——塩見さんはもともと学校の先生でいらしたのですね。

塩見　はい。だけど、私は本当は「おまえは先生にはなれん」と言われていた人間なんです。生まれたのは愛媛の農家で、よく生きておられたなと思うほどの貧乏でした。六人きょうだいの四番目で「この貧乏な百姓だけは嫌だ。何としても働いて大学に行きたい」とずっと思っていました。

それで高校を卒業する時、担任の先生に「先生のような国語の教師になりたいです」と言うたら、即座に「なれん。おまえのところは貧乏だから大学には行けん」と。昭和三十年の話です。

その先生は続けて「それでもどうしても教師になりたかったら短大へ行け。いま女性の体育教師が不足しとるから、その資格が取れるかもしれん。そして愛媛に戻ってきて、わしと一緒に教員をやろうや」と言ってくださいました。

でもね、私は学校の授業で一番苦手なのが体育だったんです。「先生、こらえて」と言いましたら「そんな贅沢《ぜいたく》を言いよったら、教員になれんぞ。百姓して貧乏に耐えるのか」と言われて、東京の日本女子体育短期大学（現在の日本女子体育大学）を受験しました。幸いに合格できましたけど。

——学費はどうされたのですか。

塩見　私の思いを知った船員の兄が入学金を用立ててくれたんです。授業料は近くの映画撮影所でエキストラのアルバイトをしたり、寮の掃除や炊事の手伝いをして納めたのですが、とても払いきれずに、後に東京で体育の教師をした一年半でようやく完納しました。

——苦手だった体育は克服されたのですか。

塩見　短大に入った一年目は「荷物をまとめて帰りなさい。あなたはここにおっても卒業できん」と何回も言われました。だけど、不可能は可能になるものなんですよ。「負けてなるか」と思って毎朝四時に起きて六時までの二時間、誰もいない体育館でバレーボールやバスケットボール、跳び箱などの練習をしました。そうしたら六か月後には皆から褒められる学生になったんです（笑）。

　その時、心の支えになっていたのは短大進学を勧めてくださった高校の担任の先生の言葉です。先生はおっしゃいました。「わしは三十年間教員をしてきたけれども、得意な教科の教員になると、苦手な生徒の心が見えん。苦手な教科の教員になると、苦手な者の気持ちが分かる。そうするとクラスの生徒は、皆おまえの授業が好きになるじゃろう。騙《だま》されたと思ってそうしてみい」と。

——それで卒業後は東京で体育の教師に。

塩見　短大二年で中学校の教育実習に行った時、その校長先生が「どうか東京におって、ここの教員になってくれ」とおっしゃいましてね。僅《わず》か二週間教育実習をしただけで「先生、私は何も実技ができません」と言ったんですけど「おまえはここに必要とされている人間だ」と。

——よほど気に入られたのでしょうね。

塩見　いまでは考えられませんが、学校がある世田谷の田園調布《でんえんちょうふ》はものすごく貧富の差が激しいところでした。毎朝、車で送迎される子と、橋の下に住んでいるような子の両方が同じ中学校に通っていたんです。私は貧しい子どもたちのために、毎日おにぎりを握っていっては「食べなさい。私も同じように貧乏だったよ」と手渡していた。それをどこかで校長先生がご覧になったのかもしれませんね。

　それでその中学校に勤めることになるんですが、長くは続きませんでした。「おなごが東京なんかにおったら、ろくなことはない」と父親が連れ戻しに来たんです。やむなく教員試験を受け直して、今度は地元愛媛県の高校の体育教師になりました。

この子は心臓麻痺で死んだことにしとこうや

——そこから学かんの立ち上げまではどのように進むのですか。

塩見　一つのきっかけとなったのは私が三十八歳の時に、小学二年生の長男を白血病で失ったことです。白血病というのは大変な痛みが伴うんですよ。「痛い、痛い」と叫ぶと脊髄《せきずい》から髄液を抜く。そうすると痛みが少し和《やわ》らぐ。それを繰り返すわけですよ。ある時、長男はあまりの痛さに耐えかねて、そんなこと言う子じゃないんですが「痛いが（痛いぞ）、

「のらねこ学かん」には地元・愛媛の仏教詩人・坂村真民氏も訪れていた。玄関前にある「念ずれば花ひらく」の石碑

ボロ医者」と大声で叫んだんです。主治医の先生は三十代のとても立派な方で「ごめんよ、ボク、ごめんよ」と手を震わせておられた。

長男はその二か月半後に亡くなりました。四十九日が済んだ後、主人と二人、お世話をかけたその主治医の先生に御礼を言うために病院に行きました。ところが、いらっしゃらないんです。聞いてみたら、長男が死んだ後、「僕は小児がんの研究をするためにアメリカに渡る」とすぐにその病院を辞められたと。私たちは「ボロ医者」という長男の一言が、この先生をいたく傷つけたかもしれないと思うと申し訳なさでいっぱいでした。

後で知ったのには、その先生は十年間アメリカで小児がんの研究をした後、小児がんの権威となり日本の国立小児病院に帰ってこられたそうです。いま思い出しても本当に素敵な先生でしたね。

――そうでしたか。

塩見　長男が小学二年生で亡くなりましたので、四人兄弟姉妹の末っ子の二男が三年生になった時、私たちは「ああこの子は大丈夫じゃ。お兄ちゃんのように死んだりはしない」と喜んでいたんです。ところが、その二男もその年の夏にプールの時間に沈んで亡くなってしまった。長男が亡くなって八年後の同じ七月でした。

――プールの事故で突然……。

塩見　近くの高校に勤めていた私のもとに「はよう来てください」と連絡があって、タクシーで駆けつけたらもう亡くなっていました。子どもたちが集まってきて「ごめんよ、おばちゃん、ごめんよ」と。「どうしたんや」と聞いたら十分の休み時間に誰かに背中を押されてコンクリートに頭をぶつけて、沈んでしまったと話してくれました。

母親は馬鹿ですね。「押したのは誰だ。犯人を見つけるまでは、学校も友達も絶

死んだ者が帰らないんだったら、生きている者が精いっぱい生きるしかない。私はあなたを許すことからしか次の一歩が踏み出せない

対に許さんぞ」という怒りが込み上げてくるんです。新聞社が来て、テレビ局が来て大騒ぎになった時、同じく高校の教師だった主人が大泣きしながら駆けつけてきました。そして、私を裏の倉庫に連れていって、こう話したんです。

「これは辛《つら》く悲しいことや。だけど見方を変えてみろ。犯人を見つけたら、その子の両親はこれから、過《あやま》ちとはいえ自分の子は友達を殺してしまった、という罪を背負って生きてかないかん。わしらは死んだ子をいつかは忘れることがあるけん、わしら二人が我慢しようや。うちの子が心臓麻痺《まひ》で死んだことにして、校医の先生に心臓麻痺で死んだという診断書さえ書いてもろうたら、学校も友達も許してやれるやないか。そうしようや。そうしようや」

私はビックリしてしもうて、この人は何を言うんやろかと。だけど、主人が何度も強くそう言うものだから、仕方がないと思いました。それで許したんです。友達も学校も……。

——普通の人にはできないことだと思います。

塩見 こんな時、男性は強いと思いましたね。でも、いま考えたらお父さんの言う通りでした。争うてお金をもろうたり、裁判して勝ってそれが何になる……。許してあげてよかったなぁと思うのは、命日の七月二日に墓前に花がない年が一年もないんです。三十年も前の話なのに、毎年友達が花を手向《たむ》けてタワシで墓を磨いてくれている。

もし、私があの時学校を訴《うった》えていたら、お金はもらえてもこんな優しい人を育てることはできなかった。そういう人が生活する町にはできなかった。心からそう思います。

この子らと一緒に生活できる人になる

——宝物のような我が子を二人も失うという大変な逆境を、よくぞ乗り越えてこられましたね。

塩見 でも、この苦しみは抜け出そうと思ってもなかなか抜け出せるものではありませんでした。もう教師は辞めようと思って退職を願い出たこともあります。そうしたら校長先生が「もし、あなたが希望するなら、あなたを必要としているところがあります」と言ってくださったんです。それが養護学校でした。それで四十六歳の時に養護学校に勤めることに

なりましたが、ここで私は自分のいままでの人生が間違っていたことに気づかされるんです。

――これまでの生き方が間違っていたとは。

塩見　私はそれまで長く、教師として子どもたちに人権教育を行ってきました。いじめはいけない、差別はいけないと。だけど、ひとたび学校を出て家庭の主婦に戻った途端に対岸の火事でした。自分がその身になれないんです。「これではいけない。養護学校に通う、あの子らに本気で学ばなんだったら、きっと一生後悔するだろう」と痛烈に思いましたね。

　教員になりたい人はいっぱいいます。だけど、この子らの将来を支える人がいない。この子らには卒業しても「おめでとう」と言ってあげられない。次に行くところがないわけですから。その頃はまだ、お母さんが泣きながら育てなくてはいけない世の中でした。

　私はこの子らと一緒に生活できる人になろうと思いました。それで五十七歳の時、教員を辞めて「のらねこ学かん」を立ち上げる決意をしたんです。

――ご主人は納得されたのですか。

塩見　はい。納得してくれました。主人は跡継ぎと思っていた男の子二人を失ったショックから一時、重度の鬱病《うつびょう》を患っていましたが、六十歳の定年まで見事に教員を勤め上げましたよ。

　でも、その主人も六十二歳の時に亡くなってしまうんです。国道を挟んだところにある畑に草を刈りに行く途中、二トントラックに撥《は》ねられたんですね。近くの人が私を呼びに来てくれて、救急病院に行った時は、もう顔に白い布が掛けられていた。

　本当の悲しみは涙が出ない、というのはその通りですね。主人が横たわっている座敷で天井を見ながら一日中ボーッとしていました。そうしていたら若い男の人が訪ねてきたんです。トラックの運転手さんでした。「僕が事故の相手です。許してくださいなんて言いません。殺されても仕方がありません。どうか奥さんのいいようにしてください」と土間に土下座しましてね。

――ああ、事故の相手の方がお見えになって。

塩見　二男が死んだ後、人を許すということを主人は教えてくれました。世界で一番憎たらしいその人が玄関に土下座した時、私がなんであんなことを言ったのか、自分でも分かりません。だけど私の口からこういう言葉が出たんです。

「あなただけが悪いんじゃないの。車と人が喧嘩《けんか》をしたら車が勝つに決まっています。あなたは若いから、主人の分まで生きて幸せになってくださいよ。そうしたら主人も成仏《じょうぶつ》できる。私が警察に嘆願書を出すから、どうかそうしてくださいね」

　その人は「そんな優しいことを言うてもろうたら、僕は生きられん」と大声をあげて泣きました。「でもね。あなたを訴えてお金をもろうても死んだ者は帰らない。死んだ者が帰らないんだったら、生きている者が精いっぱい生きるしかない。私はあなたを許すことからしか次の一歩が踏み出せないのだから、職場に復帰して幸せになってください」。そう言

人のために何かができることのありがたさを知った人間は、そこから幸せを見つけることができます

って許したんですけどね。

だけど、許した後で親戚が家に集まってきて「おまえの良識はおかしい」「それじゃ死んだ者は浮かばれん」と散々詰め寄られました。その時、私は一人、親戚と闘いながら心の中で主人に静かに語り掛けていたんです。「お父さん、これでよかったよね」って。

人間一人ひとりはかけがえのない存在

――二十年以上、学かんの運営を続けてきて、いま感じられることはありますか。

塩見　娘たちは「お母さん、何かあったらいかんから、もう辞めなさい。もう十分やったよ」と言うんですけど、学かんのあの子らをそのまま放っておくことはできませんし、私自身の修業もまだまだ足りません。

ついこの間の日曜日、学かんの子の一人が家族で旅行をしたと言って菓子折を持ってきました。全員に均等に分けようとしたら、自閉症の子が自分だけ一つ余計に取ろうとした。私が「あんただけが二つになったらいかん」と注意したら、我慢がならんのでしょうね。私のところに詰め寄ってきて、私の腕をガブッと噛《か》んだんです。男の子だから力が強くて肉が裂けて、血がポタポタと落ちてきた。

皆が「やめえ」と言ったら噛むのをやめたんですが、その時私は思わず「もう辞めた！　先生はもう年を取ったから、ここを閉店するからね。こんなことになるくらいまで頑張ったんだから、もういいよね」と言いました。そうしたら、シーンとなって皆が私の顔を見ているんです。「ああ、しまった」と思いました。

――間違ったことを言ってしまった、と。

塩見　ええ。私は思わず床に座って「あの子が悪いんじゃないの。あの子が神様からいただいた自閉症という病気が私の腕を噛んだのだから、怒ったのは先生が悪かった。だから辞めないよ。これから包帯を巻いて、さぁ、きょうも皆で買い物に行くか」。そう言ったら皆笑ってくれましたけれども。

でもその晩は「あんなことで腹を立てるような人間が、あの子らを支えることはできん。親はどういう気持ちで産んでから今日まで育てたのだろうか」と思うと、なかなか寝つけませんでしたね。

――ご両親にとって、一人ひとりの子が掛け替えのない存在ですからね。

塩見　本当にそう思います。ここに来ているのは障碍のある子だけではありません。不登校や摂食障害、鬱病など、私が高校の教員をやっていた時では考えられない病気の子も増えています。

ある時、一人のお母さんが「うちの子は摂食障害で一歩も外に出ません。助け

館内に掲げられている坂村真民氏の詩「すべては光る」

てください」と泣きながら相談に来られました。私は一緒に来た中学生の女の子に「あなたにも、お母さんから与えられたいいところがあるはずやけん、学校に行かなくてもいいからそれを夢に抱いて一緒に生きていこう」と語り掛けました。

その子の特技は絵でした。思春期の難しい時期でしたけれども、ずっと絵を練習して、「できました、できました」と喜んでデッサンを持ってきた。それを県の美術展に出したら、何と特選になったんですよ。この子はいま「私、絵を描く人になりたい」と言って頑張っています。このように誰でも素晴らしい宝を秘めているんです。

――塩見さんは、出会った一人ひとりの花を開かせようとしておられるのですね。

塩見　百人いたら百人、性格も特技も違うのだから、人と違うからといって落ち込む必要はないし、長所を生かして楽しく生きたらいいのではないでしょうか。

夏休みになったら中学生や高校生がここにボランティアに来てくれます。そんな子たちに私は「ボランティアをやるのは自分のためだよ」と言います。五体満足に産んでもらって、十本の指で人のために何かができることのありがたさを知った人間は、そこから幸せを見つけることができます。そういう子が世の中のお役に立つし、自分の花を開かせることができると私は思うんですね。

恐ろしいことに、いま「将来、自分の子どもを殺すのが夢だ」と普通に語る小学生がいます。話を聞くと、幼い頃から両親に虐待を受けている。命というものが軽んじられるこんな時代にしてしまったのは私ら大人の責任です。

私は自分が百まで生きてもこの罪の償いはできんと思っています。だけど、せめて自分に縁のある人たちの人生は花開かせてあげたいし、天国の主人もそのことを一番望んでいるのではないかと思います。

連載「母を語る」

一つひとつを丁寧に味わい尽くすだけで世界は変わる

武田双雲 書道家

たけだ・そううん——昭和50年熊本県生まれ。東京理科大学卒業。ＮＴＴに就職後、書道家として独立。独自の創作活動で注目を集め、数多くの題字、ロゴを手掛ける。また、世界中から依頼を受け、パフォーマンス書道、書道ワークショップを行うと共に、平成25年には文化庁から文化交流使に任命され、日本大使館主催の文化事業などに参加。海外に向けて日本文化の発信を続けている。近年は現代アーティストとして創作活動を行い、国内外で個展を開催。著書に『ポジティブの教科書』（主婦の友社）『丁寧道』（祥伝社）『母ちゃん』（鴨ブックス）など多数。

暗さや悲壮感と縁のない
エネルギー溢れる両親

—— 双雲さんは今年一月に『母ちゃん』（鴨ブックス）という本を出版されていますね。お母様やご自身の人生が赤裸々《せきらら》に綴《つづ》られていて、学びとユーモアに溢《あふ》れていました。

武田　ありがとうございます。母ちゃんはどんな時も明るくてポジティブです。子供の頃を振り返ると、ネガティブになるような出来事はいっぱいあったと思います。もちろん夫婦喧嘩《げんか》も絶えないし、人間関係や仕事のトラブル、いろいろあったけれども、母ちゃんの悩んでいる姿を見たことがないんですよね。

書に熱中したりダンスに打ち込んだり、何か行動してストレスを発散するから、クヨクヨしない。子供にイライラをぶつけることもありません。父ちゃんもそうで、普通は体調悪かったり落ち込んだりすると、シュンってなるじゃないですか。ところが、父ちゃんは「頭、痛かぁ！」って大声で叫んでいる（笑）。

—— 明朗で豪快な方なのですね。

武田　両親から暗さや悲壮感を感じたことがなく、明るさと笑い、エネルギーの高さでネガティブなことを吹っ飛ばしているような感覚ですね。

僕は意外とシュンってなるタイプなんですけど、そういう時に母ちゃんを思い出すと、落ち込んだり悩んだりしていることがバカバカしくなって、スッと心が軽くなります。また、僕自身が周りの人から「明るいですね」「闇がないですね」「双雲さんに会うと元気が出ます」「書道教室に来ると悩みが吹っ飛びます」って言われた時に、自分としては当たり前だったので、最初は意味が分からなかったんです。これって何だろうと思ったら、きっと両親から受け継いだ明るさ、エネルギーなのかなと。だから、僕にとって両親の影響はものすごく大きいです。

全肯定でありのままを
受け容れてくれた

武田　よく考えたら、二人とも綺麗事《きれいごと》を一切言わないですね。嫉妬《しっと》、怒り、疑心暗鬼、好き嫌い、欲望、お金……人間の業《ごう》というか、人間が持っているあらゆる感情や思考、それを子供の前でも包み隠さずに曝《さら》け出していました。

それが正しい教育かどうか分かりませんが、少なくとも僕にとっては免疫力に繋《つな》がっていると思います。

—— 免疫力、ですか？

武田　人間のリアルな社会って綺麗事だけじゃ済まされない、残酷で冷徹な部分もあるじゃないですか。それを受け容《い》れられる器はかなり広がった気がします。

先ほど「闇がない」ってよく言われると話しましたが、闇という漢字は門構えに音って書きますよね。門を閉め過ぎて音を聞こえなくする、本音を隠し続けるほど闇になると思うんです。

—— 自分の心を閉ざしてしまう。

武田　そういう意味で僕の両親はとにかく素直な性格ですね。弟二人に対しては関わり方がまた違いましたが、長男の僕に対してだけはなぜか全肯定で、ありのままの僕を受け容れてくれました。僕の本名は大智《だいち》なんですけど、「大智なら大丈夫」「大智は天才だけん」「大智は将来必ず大物になる」っていつも言われていたんです。

——**肯定的な言葉を繰り返し聞かされて育ってきたと。**

武田　怒られたこともほとんど記憶にありません。「勉強しなさい」って言われたこともないですし、ゲームもやりたい放題だったし、学校に遅刻しても何も言われなかった。「あれしちゃダメ」「こうしなさい」っていうのがないんですよ。

普通、世間体を気にしたり他の子と比べたりするじゃないですか。母ちゃんにはそういうところが全《まった》くなかったみたいですね。かと思えば、習い事はたくさんしていて、書道、空手、学習塾、水泳、音楽教室、家庭教師と、様々なことに挑戦できる環境を整えてくれました。

両親から受け継いだもの「感動力と感謝力」

——**特に忘れ難いご両親との思い出はありますか？**

武田　父ちゃんは競輪新聞社の役員を務めていて、母ちゃんは書道教室とダンスの先生をしていましたので、二人ともすごく忙しかったんです。そんな中でも、仕事の合間を縫って、よく外へ連れて行ってくれました。いろいろな人と出逢い、いろいろな物に触れる機会をつくってくれたのだと思います。

父ちゃんも母ちゃんもとにかく感動屋さんで、例えば阿《あ》蘇《そ》の高原へ車で行くと「こぎゃん夕陽はなかばい（こんな夕陽は見たことがない）」と感動して泣くんですね。キュウリ一つにしても、「こぎゃんキュウリ食ったことにゃあ」って同じキュウリに何度でも言えるんですよ（笑）。そうそう、箸《はし》まで落としながら（笑）。

——**人並外れた感性の持ち主。**

武田　だから、ずっと舞台を観ているような感覚でした。普通、同じキュウリにそんな感動しないでしょう。その感動力ってすごいですよね。

僕が生まれた時も、なぜか僕のことを仏様だと思ったらしく（笑）、「光りながら生まれてきた」って本気で言うんです。二人とも僕の一挙手一投足に、「はぁ！すごかぁ！」の連発だったといいます。僕が大人になったいまでも、「生まれてくれてありがとう」と言ってくれるんです。特に僕が四十代になってからそのメッセージが増していると感じています。

——**いまなお生まれてきた感謝を伝えてくれる。素晴らしいご両親ですね。**

武田　そういう感動屋の両親のもとに育ってきたから、僕もいま、人を感動させるような仕事をしているんでしょうね。自分の心が動いていないと、人の心を動かすことはできません。感動力は僕の人生の根幹、ベースになっています。

母・双葉さんとのトークイベントにて

――ご両親から受け継いだ感動力が双雲さんの人生の根幹になっている。

武田　そして、真の感動は感謝に変わっていきます。なんでこんなに感動するものがいっぱいあるんだろうと思ったら、偉大なる存在に気づくじゃないですか。

　例えば、先ほどのキュウリにしても、誰が届けてくれたのか、誰が育ててくれたのか、さらにキュウリがキュウリになるまでの生命の歴史まで辿《たど》っていけば、感動は深まりますよね。感動が深ければ深いほど、感謝に変わっていく。感動の先に感謝があるし、感動なき感謝はないと思うんです。

――それが心の底から感謝するということに繋がっていく。

武田　感謝をすれば運がよくなるとか、感謝をしたらこの人は感謝で返してくれるといった見返りを求める感謝は対人関係を危うくします。感謝というのは溢れてくるものだから、相手に期待するものではありません。見返り感謝ではなく、うっかり感謝が一番いいですね。

　人に何かをして感謝されないことに、つい苛立《いらだ》ったり不満を抱いたりしてしまうこともあると思います。そういう時は「してあげている」という犠牲心が働いているかもしれません。そうではなくて、「させていただいている」という意識になれば、既に貰《もら》っているので何も求める必要がなくなります。

　感動力と感謝力。これは人生を好転させる大切な二本の軸だと思います。

良好な人間関係を構築するたった一つの心得

――双雲さんは三人のお子さんの父親でもいらっしゃいます。

武田　高校三年の長男、中学三年の長女、小学三年の次男がいます。

――子育てにおいて心掛けていることは何ですか？

武田　それぞれの子供に対する接し方は全く一緒ですね。ただ個性は当然違うので、皆さん子育てをしていると経験すると思いますけど、親の期待とは全く違うことをやるし、ぶつかることも悩むこともあります。そういう時はとことん話し合いますね。

　家族みんなで腹を割って話す。お互いの意見を出し合って尊重し合う。自分の思いを我慢し過ぎるのも変だし、相手に押しつけ過ぎるのも変なので、ちょうどいいところを探っていく。そこは対等な関係じゃないとできません。

　自分が子供の時いかにダメだったかということも曝け出します。「俺なんて勉強もしてないし、ゲームばかりしていたし、彼女も全然できなかったし」って。僕の場合は、よい面ばかりがメディアに取り上げられるので、家の中では逆に、自分の失敗談や調子に乗って怒られた話とかを語るようにしています。

　別に父親だからって子供の前で格好つけたり隠したりする必要はない。オープンな関係性、心を開き合うことがやっぱりすごく重要かなと思います。

――家族と話し合いをする際に注意していることはありますか？

武田　否定から入らず、肯定から入るということですね。否定から入ると相手は絶対に心を閉ざしますし、どうしても衝突しますから。やっぱりまずは肯定から入るというのは意識しています。
　例えば、小学三年の次男はテニスをやっているんですけど、僕のほうがテニス歴が長いから、一緒に遊んでいるとついアドバイスしちゃう。「こうしたほうが上手にできるよ」って。そうすると息子はものすごく機嫌悪くなるんですよ。

——よく分かります。急に「もうやりたくない」って怒り出したり……。

武田　それは心を開いていないからです。でも、まず「ナイスボール」とか「すげえじゃん」って声を掛けて、楽しさを味わっていくと、向こうから「これ、どうすればいいの?」って聞いてくる。その時に「こうすればいいよ」って言うと、ちゃんと受け容れてくれます。なかなか親はそこまで待てない。

——子供が心を開く状態になるまで忍耐強く待つことが大事だと。

武田　僕もいろいろな経験をしてそういうことが分かってきました。他人を変えることはできないので、相手をコントロールしようとしてはいけない。否定から入ると否定関係になりますし、自分の正しさを押しつけると争いが生じます。

——まさに鏡の法則ですね。

武田　その通りだと思います。人と人が関わる時に、実績とか立場とか年齢とか経験って全く関係ないと思うんですよ。例えば、僕がノーベル賞受賞者をインタビューしているとして、いくらその人が偉大な発明をしたとしても、僕のことを見下したり邪険に扱ったりしたら、絶対にリスペクトは消えてしまいます。
　親と子の関係も一緒です。そこを誤ってはならないと思います。書道教室でも上から目線で教えても生徒には伝わらないんですよね。相手に対する尊敬の気持ちを持って肯定から入ると、教えたことが生徒にスッと伝わって、上達していくことが多いです。

子育ての原点は自己肯定感

武田　これは子供や生徒との関係だけではなく、自分との関係においても当てはまります。

——ああ、自分との関係。

武田　自分で自分のことをバカにした目線とか卑下《ひげ》した目線で見た時って、一方でものすごく反抗してくる自分がいるんですよ。そうすると自分との関係が悪くなる。やっぱり自分との関係を良好にしたいですよね。

——自分自身と良好な関係を築くためには何が大切ですか?

武田　逆説的ですけど、自分のいいところばかりを見ないというか、人間っていろんな側面を持っているわけじゃないですか。器が大きな時もあれば、小さな時もある。長所も短所も持っている。それを含めて丸ごと全部肯定して受け容れることが大事だと思います。
　頑張ったこととか実績だけを認めて、あとはバカにしていたら、辛《つら》くなる一方じゃないかな。他の動物とか植物って自己否定していないですよね。別にエサ獲りに失敗しても、朝寝坊しても、「ダメなやつだな」とは思わない。

——自己肯定感を高めることは、子育てにおいても自分育てにおいても重要な点であると。

武田　そうですね。自分との関係が悪いまま、子供との関係をよくすることって難しいと思うんです。自己肯定感を高めることが、周りの人たちとの良好な関係構築にも繋がっていきます。

人と比較しない 模範解答を探さない

武田　僕は『丁寧道』っていう本を出しているんですけど、好きな人とか大切な物に接する時って自然と丁寧になりますし、心地いいじゃないですか。だから、丁寧に子供と接するというのが僕の心掛けと言えるかもしれません。

　食卓を囲んでご飯を食べている時でもいいし、ただ町を歩いている時でもいいし、とにかく一緒に過ごしている時間があるだけで幸せだということを噛《か》み締めるようにしています。

　例えば、ケーキが大好きな人はケーキを食べる時って、キラキラした目で見つめるし、いつもよりゆっくり食べるし、声も出すし、丁寧に味わうじゃないですか。その時の波動や表情ってまさに至福ですよね。おいしいケーキを食べるような感覚で、丁寧に子供と接しています。

　僕はたまたまケーキですけど、人それぞれイメージできるものがあると思いますので、そのマインドセットで子育てに当たられるといいと思います。丁寧に味わい尽くす。これがポイントです。

――一つひとつの何気ない日常生活を丁寧に味わい尽くす。

武田　いまは情報化社会で子育ての方法に関する情報が溢れ返っていますので、あらゆるお手本や周りの家庭と比較して混乱したり迷ったりすることも多いかもしれません。そうすると、「他の人はもっとこうなのに、うちの旦那《だんな》は、うちの子は……こんなはずじゃなかった」といまに集中できず、目の前に起きている出来事を受け容れられない気がするんです。

　変化の激しい時代、多様性の社会の中で、人と比べても意味がないと思うんですよね。人と比べるとか世間体を気にするとか模範解答を探すのをやめて、いま家族と一緒にいる時間を幸せに過ごすことが一番大事だと思います。

――いま目の前にある幸せに目を向ける。

武田　この実践が難しいことは分かっています。それどころじゃないって言いたくもなるでしょう。だけど、一日の中で僅《わず》かでもそういう時間を持ってほしい。それが子供にとって最高の教育だと信じています。掃除機をかけるにしてもおむつを替えるにしても、毎日やることは地道だと思うんですけど、一つひとつを丁寧に味わい尽くすだけで、世界は変わるってことを僕は伝えたいですね。

人間っていろんな側面を持っているわけじゃないですか。器が大きな時もあれば、小さな時もある。長所も短所も持っている。それを含めて丸ごと全部肯定して受け容れることが大事だと思います

コラム ③

命のバトンタッチ

鎌田 實

かまた・みのる

諏訪中央病院名誉院長

僕が看取《みと》った患者さんに、スキルス胃がんに罹《かか》った余命三か月の女性の方がいました。

ある日、病室のベランダでお茶を飲みながら話していると、彼女がこう言ったんです。

「先生、助からないのはもう分かっています。だけど、少しだけ長生きをさせてください」。彼女はその時、四十二歳ですからね。そりゃそうだろうなと思いながらも返事に困って、黙ってお茶を飲んでいた。すると彼女が「子どもがいる。子どもの卒業式まで生きたい。卒業式を母親として見てあげたい」と言うんです。

九月のことでした。彼女はあと三か月、十二月くらいまでしか生きられない。でも私は春まで生きて子どもの卒業式を見てあげたい、と。子どものためにという思いが何かを変えたんだと思います。奇跡は起きました。春まで生きて、卒業式に出席できた。

こうしたことは科学的にも立証されていて、例えば希望を持って生きている人のほうが、がんと闘ってくれるナチュラルキラー細胞が活性化するという研究も発表されています。おそらく彼女の場合も、希望が体の中にある見えない三つのシステム、内分泌《ぶんぴつ》、自律神経、免疫を活性化させたのではないかと思います。

さらに不思議なことが起きました。彼女には二人のお子さんがいます。上の子が高校三年で、下の子が高校二年。せめて上の子の卒業式までは生かしてあげたいと僕たちは思っていました。でも彼女は、余命三か月と言われてから、一年八か月も生きて、二人のお子さんの卒業式を見てあげることができたんです。そして、一か月ほどして亡くなりました。彼女が亡くなった後、娘さんが僕のところへやってきてびっくりするような話をしてくれたんです。

僕たち医師は、子どものために生きたいと言っている彼女の気持ちを大事にしようと思い、彼女の体調が少しよくなると外出許可を出していました。「母は家に帰ってくる度に、私たちにお弁当を作ってくれました」と娘さんは言いました。彼女が最後の最後に家へ帰った時、もうその時は立つこともできない状態です。病院の皆が引き留めたんだけど、どうしても行きたいと。そこで僕は、「じゃあ家に布団を敷いて、家の空気だけ吸ったら戻っていらっしゃい」と言って送り出しました。ところがその日、彼女は家で台所に立ちました。立てるはずのない者が最後の力を振り絞ってお弁当を作るんですよ。その時のことを娘さんはこのように話してくれました。

「お母さんが最後に作ってくれたお弁当はおむすびでした。そのおむすびを持って、学校に行きました。久しぶりのお弁当が嬉しくて、嬉しくて。昼の時間になって、お弁当を広げて食べようと思ったら、切なくて、切なくて、なかなか手に取ることができませんでした」

お母さんの人生は四十年ちょっと、とても短い命でした。でも、命は長さじゃないんですね。お母さんはお母さんなりに精いっぱい、必死に生きて、大切なことを子どもたちにちゃんとバトンタッチした。

人間は「誰かのために」と思った時に、希望が生まれてくるし、その希望を持つことによって、免疫力が高まり、「生きる力」が湧いてくるのではないかと思います。

私たちも『母2023』を応援します！

砂羽美佳

『致知別冊「母2023」』PR総合プロデューサー
アイ・ビジョニング 代表

年に一回発刊してきたシリーズ『母』も、今年で五冊目。今年も関わらせていただけることに感謝いたします。

この五年の間に、社会情勢も大きく変わりました。それでも変わらない不変の事実は、「すべての人は母から生まれる」ということ。ジェンダーの意識や捉《とら》え方も様々ですが、時代や社会がどれだけ変遷しようと変わらないこの事実に、私は「母」という役割の尊さと重さを感じます。

尊敬する精神科医の先生が「子は母から心理システムを学ぶ」とおっしゃっていました。人との付き合い方、善悪の判断、価値観、この世界は楽しいのかそれともしんどいのか、人生の頑張り方や生き方を学び、それがその子の一生を方向づける。つまり、母が人生をどう捉えどう生きるかが、ひいては子どもの生き方に繋《つな》がる。

だから私たち母が、常に自分の軸を打ち立て、あり方を問い続けること。いい言葉を学び、人生の荒波を乗り越える心の栄養を蓄えることは、とても重要だと考えます。

この『母』は、そんな母たちの心の礎《いしずえ》になることを願って生まれました。

子育ては、己育て。この本によって、より子どもや家族の存在に感謝し、今目の前にある幸せを味わい尽くす親子が増えることを願っています。

穐里明美

（一社）パラリンビクス協会

いまは天国にいる、保育園時代の息子の同級生だった子のお父さんが繋いでくださったこのご縁。『母』は、命の大切さ、尊さを改めて感じられる温かい一冊です。お父さんから繋いでいただいたように、私も大切な方にこれからも伝え続けて参ります。

池田明日香

小学校教員

生きていく上で大切なあり方を学べます。奇跡の連続で生まれてくる日本の宝、子どもたち。しかしお母さん自身も奇跡的な存在だと思います。『母』との出逢いはお母さんたちの心の栄養となるはずです。一人でも多くの方に届き、子育てを楽しめる人が増えますように。

田中有雅

「あなたをひとりぼっちにしない」Infinity クラブ代表

『母』を読むと、我が子が生まれてきてくれたあの瞬間の喜び、感謝が溢れてきます。子育ての迷いや悩みも、『母』を読むと自然と扉が開いていきます。『母』は、子育てという期間限定の尊い時間を過ごすためのバイブルです。日本のママに『母』のある子育てを。

中村 希

みらい塾エイトステップス
塾長

この『母』を読むと、我が子のことを愛してやまない自分に改めて気づかされます。母である自分自身がイライラしてしまうことや、うまくいかない日々を許して愛して誇りに思いながら、ワクワクする人生を切り拓く。そんな背中を子どもに見せたいな、と思います。

那波佑香

Pearl Design & Styles

「いつも、子どもに幸せでいて欲しい」。私自身が、そして多くのお母さんが同じような思いを抱き、そうなれず苦しんでいる。そんな日本のお母さんたちに『母』が届き、幸せな母子が増えますように。素晴らしい本に携わらせていただき、感謝の気持ちでいっぱいです。

波多野麻美

株式会社ハタノシステム
代表取締役専務

初めて『母』を読んだ時の感動は今でも忘れられません。『母』は穏やかな気持ちで育児を楽しむために欠かせない私の心の拠《よ》り所です。立ち止まってしまった時、思い悩んだ時は必ず『母』を読み返し、心を浄化しています。皆様にとってもそんな存在であったら嬉しいです。

山本 操

合同会社 MEANING 代表

心に寄り添い言葉を授けてくれる『母』は、子育てをする母だけでなく、母との関係に悩む大人の自己肯定感を育んでくれる生きる本。愛と感謝を体現し、未来は明るいと信じきる力をくれる子育て。「生まれてきてくれてありがとう」と、多くの人に『母』を届けたいです。

松原輝衣

株式会社致知出版社
広報担当

あらゆる情報が溢れ、比較対象や選択肢が増えたことで、子育てに迷い悩む瞬間が多々あると思います。そんな時、ふと手に取って【子育ての本質】に立ち返り、自分なりの【子育ての軸】を持つために役立つのが『母』シリーズ。多くの母の心の拠り所となれば嬉しいです。

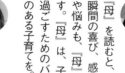

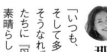

致知別冊『母』2023 **初出一覧**

二人の母が語る 希望は失望に終わらず
福島令子「指点字」考案者
金澤泰子 女流書家
『致知』2010年11月号

乗り越えられない試練はやってこない
堀内志保
堀内詩織
『致知』2023年5月号

すべての子どもは育つという
信念で生きた九十九年の人生
鈴木鎮一 才能教育研究会会長
『致知』1987年6月号

子どもたちの志をいかに育むか
瀬戸謙介 空手道場「瀬戸塾」師範
『致知』2023年6月号

子どもの健やかな心を育てる条件
渡辺久子 渡邊醫院副院長
『致知』2023年3月号

降りかかる逆境と試練が
私の人生の花を咲かせた
塩見志満子 のらねこ学かん代表
『致知』2014年7月号

コラム① 笑顔に咲いた天の花
浦田理恵 ゴールボール女子日本代表
『致知』2012年12月号

コラム② 教室中の親子が涙した最後の授業
大畑誠也 九州ルーテル学院大学客員教授
『致知』2011年1月号

コラム③ 命のバトンタッチ
鎌田 實 諏訪中央病院名誉院長
『致知』2012年7月号

※その他の記事は、本書初出
※肩書は『致知』掲載当時のものです
※本書収録に際し、一部、加筆・修正を行った箇所があります

致知別冊『母』2023
令和5年6月15日 第1刷発行

編集	致知編集部
発行者	藤尾秀昭
表紙デザイン	鈴木大輔　江﨑輝海（ソウルデザイン）
表紙写真	©fun house/amanaimages
本文デザイン	FROG KING STUDIO
発行所	致知出版社 〒150-0001 東京都渋谷区神宮前4-24-9 TEL（03）3796-2111（代）
印刷所	凸版印刷株式会社

ISBN978-4-8009-1284-8 C0095